A Cabeça do INVESTIDOR

Vera Rita de Mello Ferreira

A Cabeça do INVESTIDOR

Conheça suas emoções para **investir melhor**

ALTA BOOKS
GRUPO EDITORIAL
Rio de Janeiro, 2023

A Cabeça do Investidor

Copyright © 2023 da Starlin Alta Editora e Consultoria Eireli.
ISBN: 978-85-508-1732-3

Impresso no Brasil — 1ª Edição, 2023 — Edição revisada conforme o Acordo Ortográfico da Língua Portuguesa de 2009.

Dados Internacionais de Catalogação na Publicação (CIP) de acordo com ISBD

F383c   Ferreira, Vera Rita de Mello

A cabeça do investidor: conheça suas emoções para investir melhor / Vera Rita de Mello Ferreira. - Rio de Janeiro : Alta Books, 2023.
224 p. ; 16cm x 23cm.

Inclui índice e bibliografia.
ISBN: 978-85-508-1732-3

1. Economia. 2. Educação financeira. 3. Investimentos. I. Título.

2022-3679   CDD 332.024
CDU 330.567.2

Elaborado por Odilio Hilario Moreira Junior - CRB-8/9949

Índice para catálogo sistemático:
1. Economia : Investimentos 332.024
2. Economia : Investimentos 330.567.2

Produção Editorial
Grupo Editorial Alta Books

Diretor Editorial
Anderson Vieira
anderson.vieira@altabooks.com.br

Editor
José Ruggeri
j.ruggeri@altabooks.com.br

Gerência Comercial
Claudio Lima
claudio@altabooks.com.br

Gerência Marketing
Andréa Guatiello
andrea@altabooks.com.br

Coordenação Comercial
Thiago Biaggi

Coordenação de Eventos
Viviane Paiva
comercial@altabooks.com.br

Coordenação ADM/Finc.
Solange Souza

Coordenação Logística
Waldir Rodrigues

Gestão de Pessoas
Jairo Araújo

Direitos Autorais
Raquel Porto
rights@altabooks.com.br

Produtor Editorial
Thales Silva

Assistente Editorial
Gabriela Paiva

Produtores Editoriais
Illysabelle Trajano
Maria de Lourdes Borges
Thiê Alves
Paulo Gomes

Equipe Comercial
Adenir Gomes
Ana Carolina Marinho
Ana Claudia Lima
Daiana Costa
Everson Sete
Kaique Luiz
Luana Santos
Maira Conceição
Natasha Sales

Equipe Editorial
Ana Clara Tambasco
Andreza Moraes
Arthur Candreva
Beatriz de Assis
Beatriz Frohe

Betânia Santos
Brenda Rodrigues
Caroline David
Erick Brandão
Elton Manhães
Fernanda Teixeira
Henrique Waldez
Karolayne Alves
Kelry Oliveira
Lorrahn Candido
Luana Maura
Marcelli Ferreira
Mariana Portugal
Matheus Mello
Milena Soares
Patricia Silvestre
Viviane Corrêa
Yasmin Sayonara

Marketing Editorial
Amanda Mucci
Guilherme Nunes
Livia Carvalho
Pedro Guimarães
Thiago Brito

Atuaram na edição desta obra:

Revisão Gramatical
Leonardo Breda
Carolina Palha

Diagramação
Rita Motta

Capa
Marcelli Ferreira

Editora
afiliada à:

Rua Viúva Cláudio, 291 – Bairro Industrial do Jacaré
CEP: 20.970-031 – Rio de Janeiro (RJ) ·
Tels.: (21) 3278-8069 / 3278-8419
www.altabooks.com.br – altabooks@altabooks.com.br
Ouvidoria: ouvidoria@altabooks.com.br

ALTA BOOKS
GRUPO EDITORIAL

Dedicatória

Este livro é dedicado à uma "causa": à sustentabilidade dos investimentos, das finanças, da economia – e, claro, do nosso planeta também, que é o único lugar onde tudo isso pode acontecer!

Agradecimentos

Meus agradecimentos começam assim: viva a generosidade!

Vários colegas colaboraram com dicas de pesquisas, ideias e *insights*, além de apoio, desde lá atrás, quando iniciava a jornada por esses estudos. Mas é aquela velha história: eu não conseguiria fazer justiça a todos que me propiciaram contatos riquíssimos com fontes e observações pertinentes, portanto, tenho que agradecer na base da limitação humana, tão estudada por nossa disciplina, e que, neste caso, diz respeito à memória e à capacidade de computar dados.

Mas, acreditem, sou grata e devo muito a todos! Tento nomear alguns: Cássio Segura (com mestrado na área, faz chover finanças comportamentais na minha horta!), Pablo Rogers, Danilo Fariello, Vinicius Albuquerque, Raphael Galhano, Daniel Milanez, Luiz Gustavo Medina (Teco). Também teve gente que colaborou ativamente: Marco Gazel escreveu uma seção com perfis de investidores, e Karl-Erik Wärneryd e Peter Earl, colegas da IAREP, compartilharam material precioso, que ganhou destaque no livro.

Também sou muito grata aos alunos e participantes dos grupos de estudos (por contribuições excelentes sempre e, em particular, em 2009, pela imensa compreensão quando eu não estava 100%...), aos clientes da clínica e da consultoria, que me permitem o acesso – ao vivo e direto – ao funcionamento mental e ao processo de tomada de decisão, a todo o pessoal da nossa querida lista eletrônica de discussão em Psicologia Econômica, que é a nossa rede para a construção da área no país e onde circulam informações de primeira, a jornalistas que levantam lebres bacanas, a boas trocas com "interlocutores eletrônicos" (via e-mail).

Um agradecimento especial vai para o Professor Alexandre Assaf Neto, referência em finanças, apoiador da nossa área – e autor do nosso prefácio –, que fez o convite inicial para que eu escrevesse este livro (é tudo culpa dele!), e para os editores, Henrique Farinha e Eduardo Villela, que agora o publicam.

Mas tem mais: no meio da elaboração do livro, passei por uma tempestade bem mal-encarada, o que acabou atrasando o projeto. Felizmente, hoje estou do outro lado e bem, e tenho muito a agradecer a um monte de gente que foi fundamental para este desfecho bacana: dos médicos Benedito Mauro Rossi, Abner Jorge e toda a equipe, mais Patrícia Weinschenker, que continua me (bem) acompanhando, e Auro Del Giglio, Ana Rita A.B. Manhani, Patrícia Maeda e René Gansl, que também ajudaram muito, sem falar das enfermeiras fofas, queridas – e competentes –, do 7º andar do bloco D do Einstein, até os amigos do coração, também conhecidos como o "bando de anjos", que se desdobraram, me fazendo companhia e animando em todos os momentos – eu não tenho dúvida, sem eles, eu não teria chance! Primeiro, a "anja" mais especial, minha mãe, Coraly Pimentel de Mello Ferreira, que, aos 95 anos, ainda segurou a onda brava, com o maior carinho (tadinha!), e agora, em ordem alfabética: Ana Maria Abreu, Ana Maria Orsi, Bia Vidigal, Claudia Lebovits, Cleide Gualda, Cristiane Gottschalk, Danièle Arantes, Eva Wongtschowski, Iara Feder, Jairo Goldberg, Laura Del Mar, Leila Bomfim, Luciana Ferraz, Marcelo Rosenfeld, Mariana Citino A. Botelho, M. Marta Assolini, Myriam Taubkin, Neide Ayoub, Nestor Castellan, Roberto Kepcs, Sergio Frug, Sonia Neves, Silvia Pechy, Sonia Salztein, Sylvana Hemsi (e suas respectivas famílias, que, afinal, precisaram me "emprestar" os queridos); mais os que acompanharam de longe, mas com igual apoio: Cícero Brasiliano, Fernanda Fróes, Sergio Fiker e Miriam Burger, professores Geraldo Barbieri e Iran Siqueira Lima (da FIPECAFI, mais Marcia Teresa dos Anjos), Vera e Gilberto Daccache, Heidi Tabacof, Suely Ongaro, Heloisa Padilha e Laura Coutinho, Evelyn Baptista, Celina Siqueira, Cássia D'Aquino, Zé Gália, Ma, Mauricio e família Ribeiro. E para terminar, Homer e Gina, que agora são anjos peludos no céu.

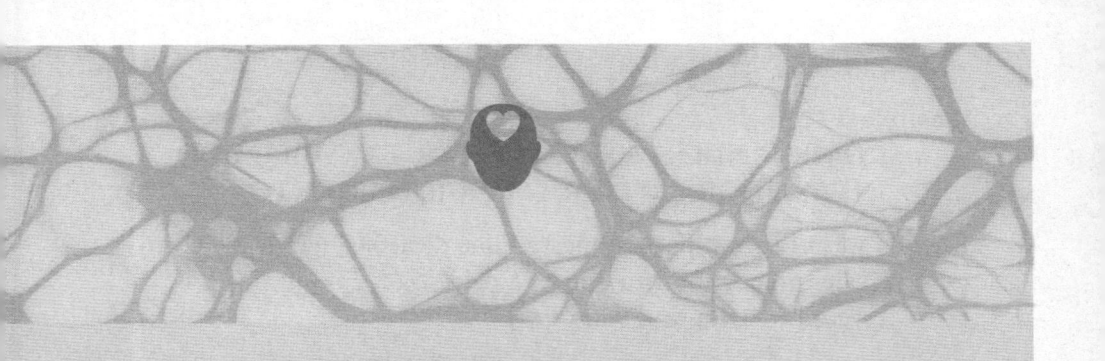

SUMÁRIO

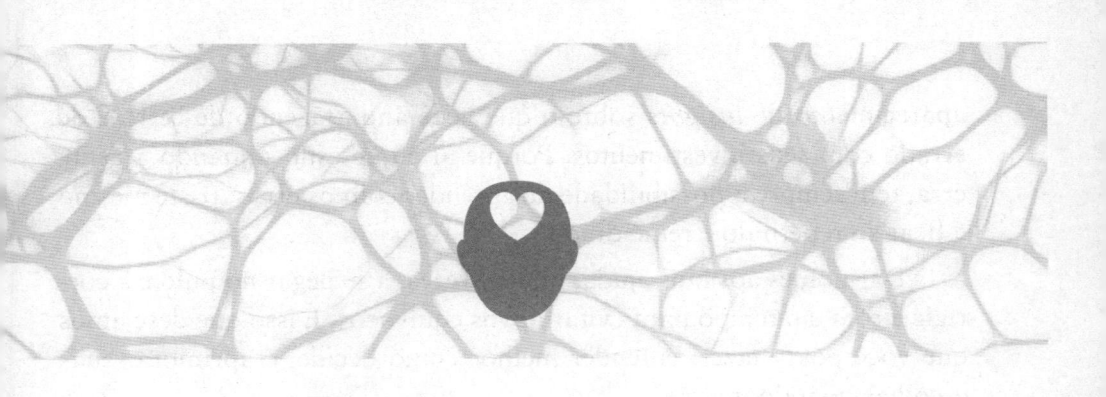

PREFÁCIO

Este livro foi escrito por uma psicanalista e psicóloga econômica, e não por uma especialista em finanças. Por isso, não espere encontrar aqui recomendações técnicas sobre investimentos.

O foco do livro é como a cabeça das pessoas funciona quando tem que tomar decisões sobre seu dinheiro e investi-lo, em especial, no mercado financeiro. E nossa lente de aumento se detém justamente no mau funcionamento da mente nesses momentos...

Muitas pesquisas nas áreas de Psicologia Econômica, Economia Comportamental, Finanças Comportamentais e Neuroeconomia, e algumas realizadas por psicanalistas também, já identificaram inúmeros erros sistemáticos, que são equívocos recorrentes, cometidos pela maioria das pessoas, em situações equivalentes. São esses estudos que fornecem a base para este livro, que é escrito num estilo descontraído, em linguagem leve e bem-humorada.

Espere encontrar muitas referências ao mundo emocional e ao poder que essa esfera de nossa mente tem sobre nossos pensamentos e comportamentos, incluindo tudo o que se refere a investir e administrar o dinheiro.

Os pontos levantados são sérios – e podem representar perdas potenciais em seus investimentos se não forem devidamente considerados. Mas a maneira de apresentar essas informações é direta e chega a ser divertida em alguns momentos. A gente aposta que uma leitura envolvente possa ser mais eficaz para prender sua atenção e favorecer o aparecimento de *insights* sobre o que você anda fazendo de certo e de errado com seus investimentos. Porque aí é que está – quando a gente erra, tem sempre a possibilidade de aprender com os erros; triste mesmo é ficar só repetindo e reincidindo...

Dar nomes aos bois ajuda, muitas vezes, a se pegar no pulo e a corrigir a rota em tempo para evitar novos equívocos. É isso que desejamos que você possa fazer: entender melhor como decide, e aprimorar suas escolhas quando investe.

Vera Rita de Mello Ferreira
Presidente da IAREP – International
Association for Research in Economic Psychology

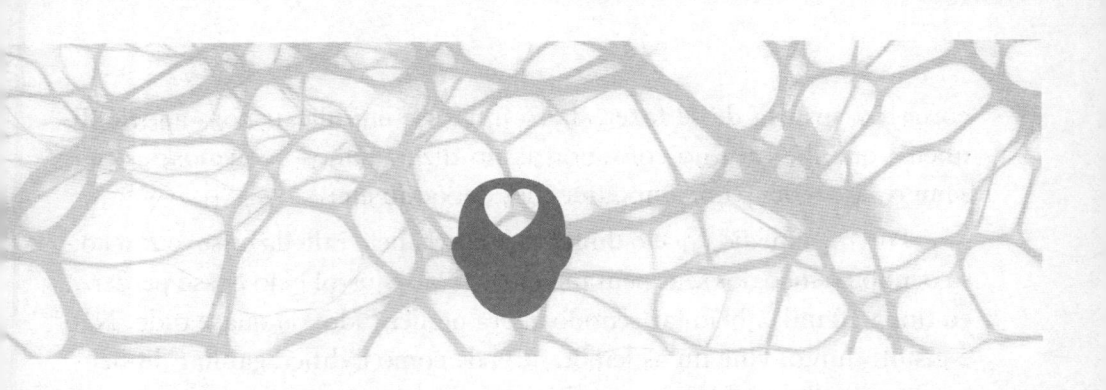

INTRODUÇÃO

A Bolsa e a bolsa, ou:
atire a primeira pedra[1]

Ela recebeu um dinheiro inesperado. Nem contava mais com isso, mas seu primo saldou uma velha dívida, e 10 mil reais aterrissaram em sua conta no segundo semestre de 2008. Com tanta gente falando sobre ganhar rios de dinheiro na Bolsa, ela decidiu que aquele seria o momento de arriscar também. Na verdade, ela não achou que estivesse se arriscando de fato. Seria simplesmente uma questão de aplicar o dinheiro em ações e, algum tempo depois, passar para apanhar os lucros. Afinal, não era isso o que todo mundo fazia?

O gerente do banco foi parcimonioso nas explicações, e os dois agiram como se tudo estivesse claro para ambos. Investimento feito! Ela foi para casa satisfeita. Pronto, agora navegava na mesma onda que todo mundo, e logo mais também receberia seu merecido quinhão.

Todo mundo já sabe o que aconteceu em setembro de 2008 no mundo... A memorável – e estrondosa – crise financeira. Com ela não foi diferente: seus 10 mil reais encolheram rapidamente. Ela via os números com apreensão e dúvida sobre o que seria melhor fazer. Primeiro, deixou quieto um tempo. Depois, foi se indignando: "Como podia ser, um desaforo daquele tamanho?? Justo na sua vez, o jogo virava de forma tão brutal???" Àquela altura, não tinha clareza do destino original daquele dinheiro. Quando aplicou, pensou vagamente que seria uma poupança, coisa tão custosa de se fazer, daí o interesse em iniciar com aquele dinheiro que lhe caiu no colo, por assim dizer. Filhos pequenos, os pais sempre se preocupam com o que lhes deixarão etc.

Porém, à medida que o dinheiro escorria pelo ralo da crise, outra coisa ocupou o foco dos seus pensamentos: "Não é justo! Não posso perder... eu tinha 10 mil... Não faz sentido agora perder tudo, ou quase tudo. Não é justo!" Junto, vinham as lembranças de como é difícil ganhar dinheiro com o trabalho, as longas jornadas que tem que percorrer a cada semana, os filhotes em casa, sem que ela tenha tempo suficiente para lhes dedicar e, por isso mesmo, como curtiu a ideia de guardar aquele dinheiro.

O resultado: mais raiva ainda de estar perdendo agora. Não era não estar ganhando, mas efetivamente perder o que tinha investido em primeiro lugar. O fim da picada!!

O desfecho: "salvou" 3 mil reais do montante inicialmente investido, ou seja, realizou um tremendo prejuízo de 70% e... emendou com outra bolsa – dessa vez, uma Prada, que cobiçava havia tempos, e encontrou em promoção numa viagem.

A justificativa: "já que eu tentei guardar e fazer tudo direitinho, e não deu nada certo, então agora dane-se, vou me permitir esse pequeno luxo – afinal, de que adiantou ter sido cuidadosa e pensar no futuro, se dei com os burros n'água?" Melhor agora curtir a bolsa bacana – a Prada que mora no seu armário e com a qual sempre pode contar – e pronto.

Vamos encarar os fatos. Quando faz investimentos...

- ... você faz tudo completamente diferente do que nossa personagem fez?
- ... tem absoluta clareza do que está fazendo, horizonte temporal límpido para movimentações e resgates, domínio pleno de seus atos – e pensamentos, é óbvio –, serenidade para analisar as opções e segurança para escolher uma delas, com as emoções inteiramente fora da jogada?
- ... e, naturalmente, jamais se arrepende do que fez?

Ou será que não é bem assim??

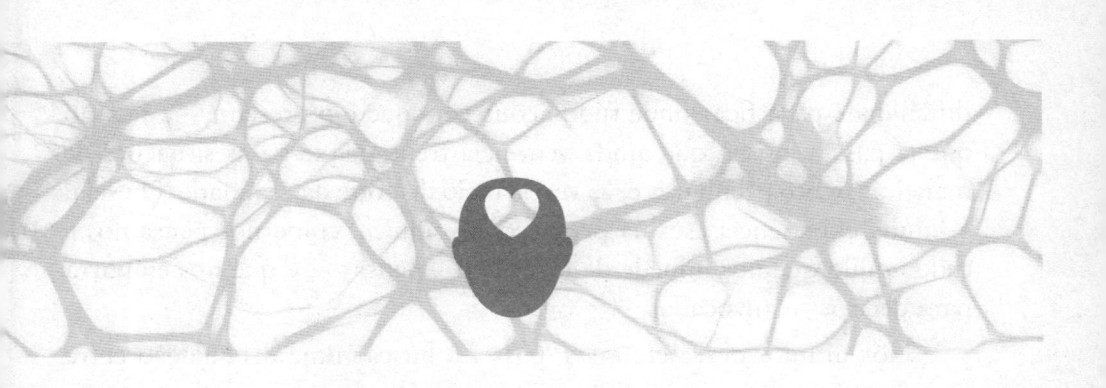

APRESENTAÇÃO

 Somos racionais ou irracionais? Do meu ponto de vista, nem uma coisa nem outra. Somos, fundamentalmente, guiados por nossas emoções, e é isso que vai ditar as regras do jogo, seja no território que for – e nos investimentos não será diferente.

Este livro trata disto: do que vai na mente do investidor, dos mecanismos psíquicos que marcam suas operações financeiras e do que podemos desvelar a esse respeito, com a ajuda das ferramentas oferecidas pelas disciplinas situadas na interface psicologia-economia, mais a psicanálise.

Para começar, confesso: não entendo muito do lado técnico das finanças, e só com o tempo venho me enfronhando em alguns aspectos dos assuntos econômicos. Mas há mais de quarenta anos trabalho com as pessoas, conversando e observando como sua cabeça funciona e, em especial, quando derrapa e toma atitudes de que se arrepende depois, não consegue evitar repetições inadequadas, sabe que não deve fazer tal coisa mas faz, sem nem entender direito por quê, tem

> **QUESTÃO BÁSICA**
>
> Como podemos administrar nossas emoções de maneira que não prejudiquem nossas decisões de investimentos e, o que é pior, dilapidem nosso patrimônio?

dificuldade para ficar onde tudo acontece – que é o presente – e fica no que já passou ou no que ainda vem pela frente, enxerga as situações de maneiras muito peculiares e, às vezes, meio distante da realidade. Ou seja, a minha experiência está na perspectiva psíquica, como nós pensamos e tudo aquilo que nos impede de fazer isso – pensar –, e que nos empurra para decisões equivocadas.

Nos últimos dezessete anos, passei a buscar uma articulação entre esses conhecimentos, a experiência direta com o funcionamento mental e as questões econômicas. Primeiro, com relação à inflação que nosso país enfrentava e sobre a qual, até a implantação do Plano Real, em 1994, ninguém punha fé de que poderia ser efetivamente combatida. Essa discussão inicial resultou na dissertação de mestrado (IP-USP) intitulada *O Componente Emocional – Funcionamento mental e ilusão à luz das transformações econômicas no Brasil desde 1985.*

Foi isso que me levou a descobrir que existia uma área dedicada exatamente a esse tipo de estudos em vários países europeus, além dos Estados Unidos, e alguns outros. No fim das contas, desembocou na minha tese de doutorado (PUC-SP) – *Psicologia Econômica – Origens, modelos, propostas –*, e dois livros publicados sobre o assunto (*Decisões econômicas – Você já parou para pensar?* e *Psicologia Econômica – comportamento econômico e tomada de decisão*).

Em 2008, o prof. Alexandre Assaf Neto convidou-me a preparar este livro, com foco na mente do investidor. Um acidente de percurso (problema de saúde) atrasou meus planos, e tive que adiar a elaboração do livro. Mas os estudos a esse respeito não param de crescer, e aproveitei para incluir novas descobertas a ele. Já temos muitas pesquisas, achados intrigantes e desafios pela frente. É uma amostra desse material, temperado com um olhar – armado de lente de aumento – sobre nossa dinâmica psicológica, que você tem em mãos agora. Como costumo alertar, não sei ensinar ninguém a ficar milionário. Portanto, não é esse o nosso propósito. Mas acredito, sim, que um raio-X sobre como tomamos decisões, os fatores que nos influenciam, o que ajuda e o que atrapalha, tudo isso pode ser útil para fazermos melhores escolhas econômicas e financeiras, e, com sorte, até evitar perder dinheiro em algumas situações!

Nanodeclaração de princípios

Este livro se fundamenta nas seguintes premissas básicas:

- quanto mais conhecemos, mais temos condição para escolher e agir com maior propriedade;
- ilusões atrapalham, em especial quando não nos damos conta de que são ilusões;
- "a razão é escrava da emoção e existe para racionalizar a experiência emocional" (Bion, 1970, p. 1) – traduzindo, as emoções são o componente mais poderoso da nossa arquitetura psíquica e, portanto, do processo de tomada de decisão também.

Isto posto, não vou nem me deter na já velha discussão sobre nossa racionalidade ou irracionalidade, se a economia tradicional está correta ao dizer que sempre otimizamos nossas decisões ou não, se os mercados seguem uma lógica e corrigem eventuais desequilíbrios por conta própria ou se nada disso faz sentido.[2]

Do lado da investigação sistemática, temos que a Psicologia Econômica contabiliza mais de cem anos, a Psicanálise também, a Economia Comportamental já é balzaquiana, as Finanças Comportamentais são quase unanimemente reconhecidas como ferramenta imprescindível para navegar nos mercados financeiros e, para completar, a caçula, a Neuroeconomia, se candidata ao posto de criança-prodígio, cheia de medalhas por suas descobertas sobre as relações entre funções cerebrais e decisões econômicas.

Do lado da realidade, o mundo mergulhou numa crise cujos reais dimensões e desdobramentos globais ainda ignoramos. Isso ficou evidente em setembro de 2008, embora sinais viessem sendo emitidos bem antes disso. Aliás, não é para me gabar – ok, é para me gabar só um pouquinho, tá?! – mas, desde meados dos anos 2000, eu falava que tinha alguma coisa meio estranha, meio exagerada naquela história (durante a bolha da internet, eu tinha a mesma sensação e ficava surpresa por não ter estourado ainda...). E, desde o início de 2007, discutia isso em classe com meus alunos, tinha um slide com uma pirâmide desmoronando e uma bolha em cima – meu talento para PowerPoint é meio tosco, também preciso confessar isso... –, mas eu indagava se aquela exuberância toda não tinha pinta de "pirâmide", com vocação, portanto, para estourar, mais dia, menos dia. Além do *feeling* de que, novamente, a coisa parecia exagerada e a velha noção de que tudo que sobe, um dia desce, eu simplesmente lia o que vários analistas econômicos expunham na mídia. Paul Krugman, que acabou ganhando o Nobel de Economia daquele ano, por exemplo, era um que sempre alertavam para os riscos do *imbróglio*. Veja mais – e as "evidências", que são artigos publicados no *Valor Econômico* chamando a atenção para isso no início de 2008 – no Apêndice, ao final do livro.

Depois de um período de relativo otimismo, quando alguns indicadores pareciam apontar para recuperação, eis que nova onda de preocupação assola o mundo em 2010 e 2011. Novamente me vem a imagem da pirâmide à mente, mas dessa vez em relação aos resgates: primeiro, os bancos precisavam de ajuda, e os governos fizeram o que parece ter sido a coisa certa, e foram em seu socorro; depois, são os próprios governos que precisam de socorro! E outros governos, em situação um pouco melhor, cogitam resgatá-los; beleza!, mas e se também estes precisarem de ajuda? Quem virá tirá-los da enrascada agora? Será que podemos esperar por um super e anabolizado coelho da Páscoa que chega para salvar todo mundo definitivamente? Eu não contaria com isso. Nem mesmo se ele tiver olhos puxados e falar mandarim...

Por isso, se a crise teve algum ponto positivo – e, de minha parte, tirando o preço altíssimo que, como sempre sói acontecer, sobra para os excluídos e mais vulneráveis –, acho que teve méritos importantes, sim, como fato de nos obrigar a pensar ou a repensar sobre o que estamos fazendo com nossos recursos financeiros, ambientais e psicológicos. Mas, além disso, a crise colocou a Psicologia Econômica e suas áreas irmãs sob os holofotes de forma tão intensa como provavelmente jamais ocorrera antes. Concomitantemente ao profundo questionamento ao modelo econômico tradicional, amparado pelas teorias idem, que vigorou por décadas parecendo imbatível.

Então, já começo neste mundo pós-deflagração da crise, embora sem vislumbrar seu término. Nele, não preciso mais defender a Psicologia Econômicas & Cia... Já posso entrar de sola no que interessa.

Como veem, portanto, nosso foco será nos investimentos no mercado financeiro, em que pese esse não ser o único tipo de investimento possível, é claro. Pode-se investir em imóveis, em empresas e outros negócios, além do que talvez seja o investimento mais importante que se possa fazer – em si mesmo, tanto na esfera educacional, como na psicológica, por meio de psicanálise ou psicoterapia, meditação, ioga ou outras práticas que pretendem proporcionar autoconhecimento e evolução psíquica, e na própria saúde de modo mais amplo. Naturalmente, também vale bancar tudo isso para os filhos ou outras pessoas – são todos excelentes investimentos!

Na verdade, o que nos interessa quando falamos de investimentos é: como é que sua mente funciona? E como isso se revela na sua administração dos investimentos que faz? Em outras palavras, o que já conhecemos sobre a cabeça do investidor?

Um... dois... e já... Vamos lá.

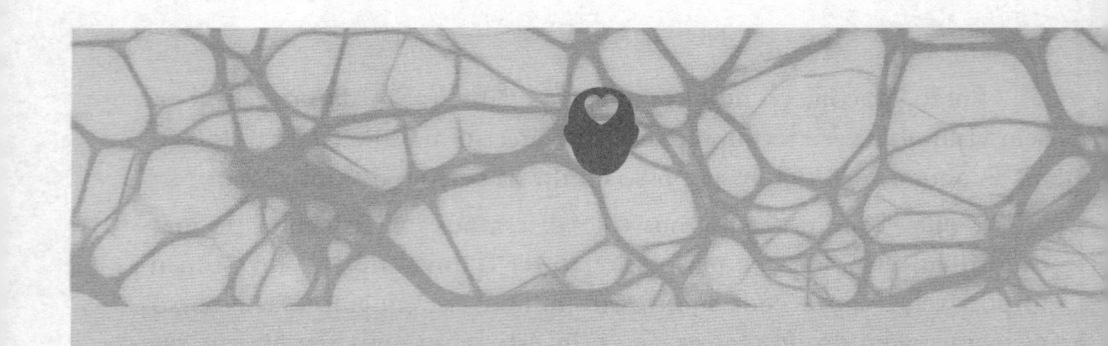

Notas

1. Baseado em relato real. Obrigada, P. (e não só por isso!)

2. Para quem quiser mais detalhes sobre essa discussão, recomendo a leitura dos meus livros anteriores: *Decisões econômicas – você já parou para pensar?*, saindo em 3ª edição pela Alta Books, 2023, e *Psicologia econômica – estudo do comportamento econômico e da tomada de decisão*, Campus/Elsevier, 2008.

Capítulo 1

DINHEIRO

O excremento do diabo?[1]

Todo mundo gosta. Ninguém passa sem. Bom, talvez aqueles indianos religiosos, que perambulam nus, cobertos com cinzas. Mas, de modo geral, no século XXI, pouca gente prescinde do dinheiro. Já suas ressonâncias, a maneira como cada um enxerga esse "meio circulante" transbordando de sentidos psicológicos, podem variar bastante.

Há quem encha a boca para dizer: "eu gosto de dinheiro!", assim como há quem, por receio de que ele lhe falte, torne-se exímio administrador de suas finanças, e também quem o associe a todos os males do planeta, sem esquecer tampouco os que lhe dão atenção reduzida – e, curiosamente, nesse último grupo podemos encontrar tanto gente que ganha dinheiro com facilidade, como aqueles que se esquecem da sua existência – até a hora em que padecem com sua escassez, para então se lembrarem, dolorosamente, de que não dá muito para passar sem ele.

Claro que há também os mais e os menos criativos para consegui-lo e gerir, quer sua abundância, quer sua existência minguada. E há quem se divirta com isso, quem sinta um enfado imenso. Difícil mesmo é ficar neutro frente ao dinheiro.

Ele é convenção social e concreto apenas em seus veículos, isto é, cédulas, moedas, cartões de plástico, folhas de cheque, extratos bancários e comprovantes de investimentos. Talvez, por isso, o dinheiro se preste a tantas ressonâncias simbólicas, subjetivas em suas representações, o que leva naturalmente a tantas variações individuais, familiares e culturais.

Mesmo que não se cheguem a conclusões definitivas acerca de suas implicações para a felicidade humana, uma coisa parece certa: ficar sem dinheiro é de lascar!

Suponho que seja por essa razão que, ao longo dos dezessete anos que venho conversando com clientes na minha consultoria, que enfoca a gestão da vida profissional e financeira, encontro unanimidade quando lhes peço associações ao dinheiro: uma delas sempre se refere a "segurança"! Sentir-se desamparado neste mundão de Deus é condição intrínseca ao ser humano – mas ficar também desprotegido do ponto de vista monetário, aí já pesa demais! Pode atormentar. E pode também empurrar para a busca de saídas. Algumas são desesperadas (vender órgãos, partes do corpo, por exemplo), outras são delinquentes (crimes de todas as colorações de colarinho), e há também aquelas que impulsionam o crescimento, pessoal ou coletivo.

De todo modo, as transações econômicas são, em sua essência, relações entre as pessoas. O dinheiro foi um importante instrumento civilizatório – mesmo que ele também abranja aspectos tão selvagens e cruéis...

Pronto. Ninguém duvida da importância do dinheiro, certo? E de como ele pode também trazer benefícios, comprar alguns tipos de conforto, aliviar o incômodo de estar privado dele.

Contudo, dentre as coisas que ele não pode comprar, uma me chama a atenção: paz de espírito. Aí não tem como. Dinheiro de menos pode tirar a paz de espírito, ok, mas até mesmo em excesso ele não garante esse tipo de tranquilidade, e pode inclusive tirar também – exatamente da mesma forma que sua falta.

Dinheiro é criação humana. As outras espécies não dispõem desse recurso. Por essa razão, talvez o dinheiro expresse igualmente nossas contradições e ambivalências – ora o amamos, ora detestamos, mas já está tão entranhado na nossa cultura, que fica difícil dispensá-lo.

E se não podemos dispensá-lo, só nos resta pensá-lo!

É o que convidamos o leitor a fazer nestas páginas, acreditando que a leitura de estudos, exemplos e curiosidades sobre nossa mente em ação nos investimentos possa favorecer o aparecimento de *insights* e, quem sabe, inspirar formas cada vez mais adequadas e sob medida de lidar com seu dinheiro.

Como tudo na vida, quanto mais à vontade você estiver para fazer isso, maior a chance de ter sucesso e, quando necessário, ser capaz de aprender com sua experiência.

O teste – *checklist* de "A" a "U": o que você está fazendo com seu dinheiro?

Sabe aquela pergunta em tom meio grave dirigida aos pais: "Sabe onde seus filhos estão neste momento?". Talvez coubesse uma indagação equivalente aos investidores com relação às suas aplicações: "Você sabe onde está seu dinheiro agora?"

A partir dessa pergunta, podemos seguir algumas diferentes linhas, conforme a resposta:

1. *Não, não sei, não quero saber e tenho raiva de quem sabe.*

   Neste caso, desculpe qualquer coisa, mas este livro não é para você.

2. *Sim, sei tudo sobre ele, vai bem, obrigado, não preciso de nada.*

   Calma, aqui a chance é grande de você poder se beneficiar com o que vamos conversar nas próximas páginas, então segura a onda da onipotência e siga em frente na leitura.

3. *Acho que sim... – quer dizer, vejo os extratos todo mês (ou dia, ou hora), e sei dizer certinho onde está cada centavo.*

   Não, isso não é suficiente, e daqui a pouco veremos por quê.

4. *Olha, eu sei onde mandei o gerente colocar meu dinheiro, mas tenho um montão de dúvidas se fiz tudo certo...*

   Aqui também existe abertura para prosseguir com a leitura, vamos lá, então.

Agora, antes de responder de bate-pronto que tem não-sei-quanto--por-cento de ações, fundos, títulos do Tesouro, poupança ou qualquer outro tipo de investimento, há outras perguntas que devem ser formuladas e que pedem alguma reflexão. Invista o tempo que for necessário, pois o risco de perda nesse processo é zero! Então, vamos a elas:

a. Você quer dinheiro para quê?

b. Para quando?

c. Quais são as suas prioridades?

d. O que lhe dá satisfação e o deixa feliz?

e. Decidir o que fazer com seu dinheiro inspira que tipo de sentimentos em você?

f. Você sabe quais são as coordenadas que você utiliza para investir e fazer escolhas?

g. Você prefere ficar no controle de tudo ou recorre a um consultor técnico para orientá-lo sobre seus investimentos?

h. Ou vai na base de dicas "quentíssimas" de amigos e conhecidos?

i. Aplicar, para você, é sinônimo de adrenalina, esporte radical e competição?

j. Em que situação você troca de aplicação?

k. Quando costuma realizar?

l. Quando dá vontade de investir novamente?

m. Você sempre sabe por que razão está fazendo as coisas no mercado financeiro?

n. Você já sentiu impulsos quase incontroláveis para fazer, ou desfazer, algum investimento? O que aconteceu depois?

o. Você olha em volta quando investe, ou seja, busca exemplos e referências entre outros investidores?

p. Quando se sente satisfeito com seus investimentos? E insatisfeito? Mas devagar com o andor – procure ir além do mais óbvio, que é simplesmente relacionar com ganhos e perdas, respectivamente. O Teco (Luiz Gustavo Medina), que é um gestor experiente, tem uma teoria interessante a este respeito: para ele, nada deixa o investidor (referindo-se a homens) mais "p" da vida, do que sentir que perdeu dinheiro para outro homem; ele diz que, se fosse para uma mulher, talvez o sujeito não se ressentisse tanto... Dá o que pensar, não? E entre as mulheres, como será que a coisa acontece? Mas voltemos às nossas perguntas.

q. Você tem um *benchmark*, um ponto de referência do tipo "quero ser daquele jeito quando crescer", nos seus investimentos? Tem clareza de qual seria esse modelo para você? Lembre-se de que pode haver também o "antimodelo", que é tudo aquilo que você jura que não queria para você, e o "modelo-oculto", que é o seu verdadeiro modelo, embora você não saiba disso. Todas essas referências terão implicações no seu estilo de gerenciar seu dinheiro, portanto, atenção a elas!

r. Você sabe o que provoca conflitos dentro de você, tratando-se de dinheiro? Outra vez, vamos além – falta de dinheiro costuma provocar todos aqueles conflitos super velhos de guerra: de baixa autoestima, familiares, peso infinito sobre as costas, depressão diante da falta de perspectivas e por aí vai. Mas e os conflitos quando o dinheiro existe? Também tem conflito desse tipo e, às vezes, mais especificamente, em função de determinados tipos de investimentos.

s. Qual é a intensidade da sua tristeza – ou raiva – quando perde dinheiro? E quando perde uma oportunidade, sem perder propriamente o dinheiro? E da sua alegria quando ganha?

t. E quando bate o arrependimento, como ele vem? Sempre em relação aos mesmos (maus) passos ou varia? Corre botar a culpa no outro ou fica se flagelando? Talvez estes sentimentos se liguem à próxima questão da lista:

u. Qual é o tamanho das suas expectativas com relação a dinheiro? Cuidado com a altura delas... Dependendo das circunstâncias, não atingir seu ideal pode se transformar em uma fonte inesgotável de martírio para você mesmo. Por isso, é sempre bom calibrá-las de acordo com a "realidade-real-da-vida-verdadeira". Sonhar é ótimo, realizar os sonhos, melhor ainda, mas exagerar na dose e viajar direto na maionese pode ser prejudicial à saúde, às finanças e às suas relações no mundo.

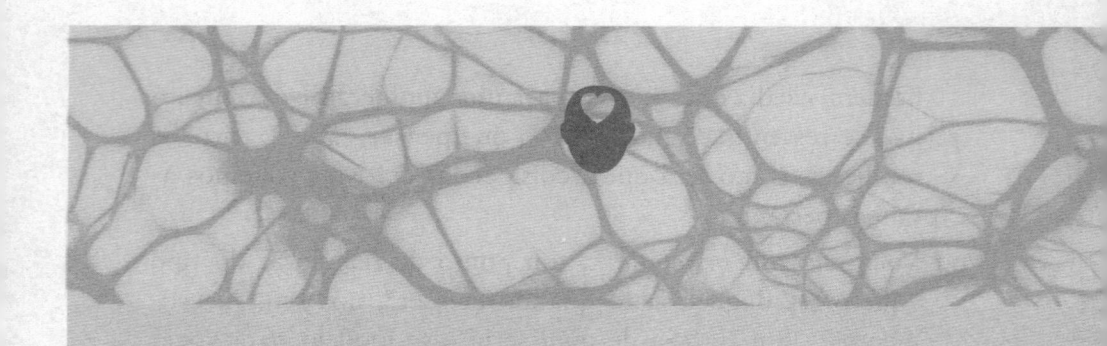

Nota

1. Uma das alusões metafóricas ao dinheiro, e presumivelmente a seus atributos negativos, segundo Moscovici (1990, p. 301).

Capítulo 2

A CABEÇA DO INVESTIDOR
– SITUANDO NOSSO CONTEXTO

A Descoberta da Pólvora 2
– O Retorno (do recalcado?)[1]

Emoções existem, subjazem nossos comportamentos e fazem uma enorme diferença quando queremos iluminar nossos pensamentos, atitudes e ações!

Peço – um pouco – de desculpa pela ironia do título acima. A Psicanálise tem mais de cem anos e foi construída sobre esse alicerce. Algumas áreas da Psicologia, idem,[2] incluindo a Psicologia Econômica, onde cabe destacar que, nos últimos anos, cada vez mais pesquisadores da disciplina vêm incorporando essa visão da importância das emoções.

Daí a ironia: com a crise, os olhos de todos que acompanham o mercado financeiro e a Economia finalmente se voltaram para a perspectiva emocional e decidiram que, sim, é necessário levá-la em conta. Ainda não se sabe bem como. Por enquanto, psicanalistas e psicólogos econômicos, economistas comportamentais e pesquisadores em finanças comportamentais têm sido solicitados, provavelmente como nunca antes, a tentar responder à pergunta que não quer calar: "Meu Deus, como foi que tudo isso pôde acontecer???"

Em paralelo, suponho que o pessoal da Neuroeconomia também esteja com suas máquinas de mapeamento cerebral e outros equipamentos

7

de ponta funcionado a todo vapor e apontados para os caminhos fisiológicos de nossas emoções.

Do meu ponto de vista, demorou-se a fazer a inclusão da dimensão emocional e, mesmo depois de feita, ainda engatinhamos em TODAS essas áreas (incluindo a Psicanálise), sem nenhuma exceção. Mal arranhamos a superfície da questão e o que sabemos a respeito é mínimo se comparado a tudo que falta saber. Contudo, dada a magnitude da influência das emoções sobre nossas decisões e nossa vida em geral, só nos resta seguir investigando, apesar de ser tarefa mais do que hercúlea.

De nossa parte, então, mãos à obra!

O que são emoções e por que o investidor deveria saber isso?

Vamos começar por onde interessa.

Se nossa mente é dominada por nossas emoções, para entender um pouco melhor como a cabeça dos investidores opera – e como isso se reflete em suas operações financeiras – é por aí que devemos iniciar nossa conversa.

Primeiro, cabe uma definição bem clássica:

> Emoção é impulso, é parente próxima de instinto, é o que nos impele a buscar satisfação e agir nesse sentido.

É também nosso lado mais primitivo, já que está presente na espécie humana há milhões de anos, desde o seu início, imprimindo respostas quase automáticas às suas reações, com o objetivo primordial de garantir sua sobrevivência imediata.

Se é para evitar a aniquilação, a destruição e a morte, vale qualquer coisa, certo?

Portanto, adeus refinamento, ponderações cuidadosas, esmero, capricho, rigor e sofisticação. O que fica em pauta é o desejo de safar-se de qualquer enrosco do jeito que der – deselegante, rudimentar, sujo, contraditório, esquisito e, claro, ocasionalmente, também brilhante e surpreendente. Este último caso é aquilo que denominamos *insight*, o *clic* maravilhoso que, de vez em quando, experimentamos e que nos permite enxergar com clareza por entre brumas, acertar o alvo quase sem saber como.

Infelizmente, é raro acontecer...

Por isso, nosso funcionamento emocional é suficiente para sobreviver, mas não está com aquela bola toda quando o assunto é desenvolver-se, sobressair e, no nosso caso, obter melhores retornos nos investimentos.

Alguns pesquisadores na área psicoeconômica enxergam essa questão de outro modo. Como reafirmou Gerd Gigerenzer,[3] da Alemanha, no congresso IAREP-SABE[4] de Psicologia Econômica e Economia Comportamental, em 2009[5], o recurso a heurísticas[6] pode fazer a diferença – para melhor – em nossas decisões, e as emoções poderiam ser grandes aliadas para isso. Declarando-se seguidor direto de Herbert Simon, o outro grande ganhador do prêmio Nobel de Economia[7] em 1978 e, possivelmente, "pai" de toda essa linha de pesquisa que estamos vendo aqui, já que desenvolveu a chamada *teoria da racionalidade limitada*, para se contrapor à proposta da Economia tradicional, que postula a racionalidade sem maiores questionamentos na sua teoria neoclássica, Gigerenzer estuda como as emoções podem cortar caminho e nos trazer avaliações rápidas, o que é importante em muitos momentos.

Ao longo deste livro, veremos inúmeros exemplos do impacto das emoções sobre nossa cognição,[8] escolhas e comportamento em geral – na maior parte das vezes, complicando um pouco a nossa vida... Pois, como vimos em nossa *nanodeclaração de princípios*, são as emoções que mandam no pedaço, então nosso foco neste livro será buscar iluminar nosso mundo emocional. Isso não fará com que elas desapareçam – isso é impossível e, de todo modo, nem seria desejável, já que representam também nossa fonte de vida mais essencial.

Então, se der para viver em relativa paz – tá bom, coexistência, ou armistício que seja – com nossas emoções, já estaremos no lucro. Literalmente, inclusive.

Um pequeno exemplo: muita gente pode conhecer aquele sujeito que sempre acredita que está certo e que, com ele, não vai "dar zebra" nunca. Às vezes, ele tem sorte e seus investimentos dão certo. Com alguma frequência, isso acontece porque a maior parte dos investidores também teve sucesso em períodos de alta. Mas eis que, num dado momento, nosso amigo encasqueta com uma determinada ação que já subiu bastante, mas ele acha que ainda pode subir mais. E dá-lhe comprar quantidades cada vez maiores! Quando comenta com algum entendido no assunto, despreza os avisos de que poderá entrar pelo cano – "não, eu sou mais eu – isso aqui vai virar e eu vou mostrar para todo mundo como se investe!" Algum tempo e muitos reais tendo deixado sua conta depois, ele faz o quê? Culpa Deus e o mundo por suas perdas, mas... mantém a firme convicção de que sempre esteve certo e foi apenas por um raro infortúnio que se deu mal. Portanto, segue impávido e colosso na certeza de que seu taco é muito melhor do que o de todos. Até a próxima trombada, quando ele refaz o círculo. Temos aqui uma vítima de suas próprias emoções – neste caso, o sentimento de onipotência e invulnerabilidade, aliado a um otimismo sem fundamento concreto – que ele toma como realidade objetiva e não questiona. Se não consegue rever suas próprias estratégias, permanece na ignorância do poder que seu mundo emocional exerce sobre suas decisões e não é capaz de aprender com elas. O tempo passa – mas ele não fica mais sábio por isso.

Já sua prima é diferente. Ela passou dos 40 e há uns poucos anos, resolveu começar a pensar em seu pé de meia. Nunca foi muito boa em matemática, e associava seu desinteresse por assuntos de dinheiro a esta dificuldade. Adiou por algum tempo o projeto de cuidar de suas finanças e investir, mas depois de ter o carro roubado – sem seguro... –, viu-se em apuros para comprar outro e parou de enrolar. Primeiro, foi conversar com o gerente do seu banco. Conheceu algumas alternativas de investimentos, mas acima de tudo, começou a despertar para o assunto. O caderno de economia do jornal passou a ser lido, quando antes ficava jogado no canto da mesa. Começou a participar das conversas de colegas de trabalho, amigos e parentes, quando estes trocavam ideias sobre dinheiro e investimentos. Esse ainda não era o seu tema favorito, e ela ainda não entendia muito do assunto. Mas se esforçou para buscar mais informações, acabou trocando de banco, porque um outro dava uma assessoria muito melhor nessa área, além de taxas mais competitivas, e aos poucos foi guardando o suficiente para investir de forma regular e diversificada. E como sabia que nunca seria uma ás das finanças, deixou seus recursos onde entendeu que valia a pena e não ficou pulando de galho em galho. Parabéns à moça que foi capaz de perceber que precisava aprender mais, foi atrás de orientação, venceu suas resistências emocionais frente ao assunto e fez escolhas adequadas à sua condição! Essa usou a cabeça a seu favor e não teve seu mundo emocional como inimigo incontornável.

Breve nota sobre natureza humana e condição humana[9]

Se vamos iniciar esta viagem pela mente humana – com suas decorrências para a mente do investidor, em particular –, é preciso dizer uma palavra sobre generalizações ou não a respeito das pessoas. Na Psicologia, algumas abordagens atribuem ao ser humano características que lhe seriam constituintes e, portanto, universalmente encontradas em cada indivíduo, enquanto que, para outras linhas, o indivíduo nasce como página em branco e reage aos estímulos do meio, de tal forma que, se estes forem mudados, o indivíduo também poderá ser transformado, já que nada nele seria inteiramente intrínseco.

Para mim, *natureza humana* soa como definitivo e imutável. Mas, acredito – na verdade, torço para – que as coisas não estejam já dadas desta maneira, senão fica feia a coisa. Afinal, ainda falta tanto para a humanidade desenvolver! Por outro lado, observo tendências que parecem estar presentes nas pessoas desde o início, como no caso dos gêmeos idênticos, por exemplo, que podem manifestar preferências tão distintas desde o berçário.

Dou preferência, então, à expressão *condição humana*, no que ela permite de margem de manobra: sim, de um lado, temos esta matéria-prima em comum, que são nossos impulsos e emoções básicos, daí podermos compartilhar situações, viver identificações e imitação – manada incluída etc. – mas, de outro lado, talvez essa nossa condição não precise ser perene. A torcida, então, é esta: tomara que seja possível à nossa mente evoluir muito mais e que essa evolução se expresse também no nosso estilo de administração – do mundo, das outras espécies, dos recursos escassos e sua acessibilidade a todos e, claro, das finanças pessoais de cada um também.

Um pouco sobre o indivíduo

Prazer e dor são fundamentais, você concorda?

Originalmente, a Economia também partilhava dessa ideia, tanto assim que alguns economistas do século XIX defendiam que essas condições pudessem ser aferidas, a fim de se conhecer, com exatidão, o que está em jogo quando fazemos escolhas econômicas.[10]

Para a Psicanálise, essa polaridade segue como bússola para iluminar nosso comportamento e funcionamento psíquico.

É básico: buscamos prazer; fugimos da dor.

E é também prático: para sobreviver, é importante encontrar satisfação para nossas necessidades e evitar o que pode nos ferir ou prejudicar.

Dito assim, parece batata: então, tá, é só ir atrás do que é gostoso e ficar longe do que traz amolação.

Ops! Esbarramos no de sempre: e quem é que disse que temos capacidade de reconhecer, com precisão, aquilo que pode nos satisfazer, de um lado, e aquilo que pode nos fazer sofrer, de outro?

É a velha história: na hora de perceber, lembrar-se dos dados e avaliá-los, estamos todos sujeitos às conhecidas limitações cognitivas e emocionais. Está armada a confusão!

Para começo de conversa, ao nos orientarmos, geralmente de modo imediato, isto é, visando o curto prazo, por estes indicadores – prazer e dor –, ficamos extremamente suscetíveis ao poder da ilusão.

Como a ilusão é uma tentativa de responder aos nossos desejos, já se vê como a ligação entre esses dois elementos é íntima – e meio perigosa também...

Isso porque o desejo, de acordo com a visão psicanalítica,[11] é:

1. necessariamente inconsciente;
2. jamais passível de plena satisfação

Então, para dar uma ideia extremamente sintética, poderíamos dizer que o indivíduo:

a. é composto por *elementos genéticos* e por outros que, embora possam não estar em seus genes, estão presentes desde o nascimento – daí chamados de constitucionais –, seja porque adquiriu no período intrauterino, seja no próprio momento do parto e, desde esse instante inicial, também por todas as influências do ambiente, representadas pelos fatores familiares, grupais, sociais e culturais em que se encontra inserido;

b. é guiado, fundamentalmente, por *pulsões* que procuram satisfação, em geral, por meio de redução de tensão – e aqui vale, no curto prazo (que costuma ser o horizonte temporal predominante), recorrer a ilusões para tentar afastar a percepção da falta, da sensação de não estar completo; se, de um lado, isso nos impele a realizações e construção de obras importantes em todos os sentidos, pode também, de outro lado, tornar-se fonte de angústia e vulnerabilidade a nos deixar enganar com facilidade quando vislumbramos qualquer promessa de alívio; e, sim, tudo isso se reflete diretamente no estilo de investir!;

c. mantém, ao longo da vida, a maior parte de seus conteúdos mentais em estado inconsciente, sem conseguir ter acesso deliberado a eles – embora esteja continuamente sob seu impacto, inclusive nos atos conscientes;

d. sofre influências do ambiente que o cerca desde o início e responde a elas conforme o tipo de estímulos que recebe e, também, de acordo com suas próprias características (físicas e psíquicas), o que ajuda a explicar as razões pelas quais as pessoas podem reagir de formas diferentes às mesmas situações;

e. experimenta sempre, em diferentes graus, conflitos psíquicos, seja entre suas próprias pulsões e suas tentativas de controlá-las, seja entre seus desejos e as imposições do mundo, ou das pressões que sente internamente, o que pode ajudar a explicar condutas contraditórias, "razões que a razão desconhece", e a proverbial dificuldade humana com o autocontrole, como veremos em diversos casos neste livro;

f. não tem facilidade para aprender com a experiência emocional, que precisa ser pensada e costuma representar fonte de desconforto íntimo, permanecendo, frequentemente, em padrões repetidos, ainda que lhe sejam muito prejudiciais – e caros.

Inclui-se nesta lista o poder do arrependimento – melhor dizendo, a aversão que temos a nos arrepender, que faz com que pareça, muitas vezes, aconselhável não fazer nada, não mexer em posições etc., por medo de vir a sentir arrependimento depois. Como sempre, o receio pode ser tão forte que obstrui o exame mais criterioso da situação e faz a pessoa obedecer a esse quase frio no estômago. Isso remete, por exemplo, à paralisia na hora de decidir, ainda que este possa não ser o único fator responsável por essa atitude. Aliás, nunca é demais relembrar que, mesmo que se resolva não fazer nada, esse comportamento já embute uma escolha. Então não tem como – não há como se furtar a tomar decisões na vida. Não enquanto se estiver vivo... (cf. *viés de status quo*, à frente, p. 102).

E para complicar só mais um pouquinho, quanto mais alternativas ou informações, mais difícil para escolher uma delas!

Então, para concluir esta breve exposição sobre o papel das emoções no funcionamento mental dos indivíduos, eu proponho que possamos vê-las como um tipo de *heurística* também. Na verdade, a maior de todas – emoção seria "a mãe de todas as heurísticas". Porque a tal *decisão crítica*[12] – quando duas alternativas básicas surgem em nossa mente e imediatamente temos de decidir se vamos levar a realidade em consideração, com todas as suas consequências, ou se a desprezaremos – parece ser o grande atalho mental ao qual recorremos sempre, mesmo que não tenhamos plena consciência disso.

Digo isso com base nas teorias psicanalíticas, na experiência clínica e em observações acerca dos personagens do mercado financeiro. Mas pesquisadores da interface psicologia-economia podem ter uma visão convergente. Um grupo deles tem investigado a questão do *afeto*,[13] que definem como: *afeto pode ser visto com um estado de sentimento que as pessoas experimentam, tal como felicidade ou tristeza. Também pode ser visto como uma qualidade (p.ex., bom ou mau) associada a um estímulo. Estas duas concepções tendem a estar relacionadas* (p. 2).

Um dos pesquisadores mais proeminentes do grupo, Slovic,[14] em artigo sugestivamente denominado "Atores racionais ou tolos racionais" (minha tradução), discute a importância da *heurística afetiva* (*affect heuristic*) para julgamentos e decisões, afirmando que, neste caso, afeto significa a qualidade específica de ser "bom" ou "mau". Essa qualidade pode ser experimentada como um estado afetivo, um sentimento, consciente ou não, ou demarcar uma qualidade positiva ou negativa de um estímulo. As respostas afetivas ocorrem rápida e automaticamente e, ao nos apoiarmos sobre elas, estaríamos utilizando a *heurística afetiva*.

Da mesma forma como postulamos na Psicanálise,[15] com as denominações *princípio do prazer* e *princípio da realidade*, e conforme Kahneman também defende chamando, respectivamente, de *Sistema 1* e *Sistema 2*, Slovic igualmente divide os processos mentais em duas grandes categorias. Ele toma emprestado de outro pesquisador, Epstein, a tabela abaixo,[16] que traduzo, para facilitar a visualização dos dois processos:

Dois modos de pensar.
Comparação entre os sistemas Experiencial e Racional.

Sistema experiencial	Sistema racional
1. Holístico.	1. Analítico.
2. Afetivo: orientado por dor ou prazer.	2. Lógico: orientado pela razão (o que é sensato).
3. Conexões por associações.	3. Conexões lógicas.
4. Comportamento mediado por "vibes" 17de experiências passadas.	4. Comportamento mediado por uma avaliação consciente dos eventos.
5. Codifica a realidade em imagens concretas, metáforas e narrativas.	5. Decodifica a realidade em símbolos abstratos, palavras e números.
6. Processamento mais rápido: orientado para a ação imediata.	6. Processamento mais lento: orientado para ação postergada.
7. Validação por autoevidência: "ter a experiência é acreditar".	7. Requer justificativa pela lógica e pela evidência.

Fonte: Adaptado de Epstein, 1994, *apud* Slovic, 2002.

A respeito dos dois sistemas apresentados nessa tabela, parece valer o mesmo que para qualquer outro tipo de heurística: as emoções, da mesma forma que o "sistema experiencial" descrito, cortam caminho, agilizam, facilitam e podem até render melhores resultados, mas também podem distorcer uma apreciação mais serena da situação, enviesar a percepção e impedir que a melhor alternativa seja escolhida.

De todo modo, com exceção de pacientes neurologicamente lesionados, cuja área do cérebro responsável pelo processamento das emoções tenha sido atingido por doença, degeneração ou acidente, o que não pode existir são os processos mentais desprovidos do componente emocional. Ele está sempre presente, e pode ou emprestar-lhes melhor qualidade, ou simplificá-los de tal forma que percam sua condição de agudeza e transformação.

Novamente, Slovic coloca isso num trecho que vale a pena reproduzir, na minha tradução:

> A heurística afetiva aparece, ao mesmo tempo, como sendo maravilhosa e assustadora: maravilhosa em sua velocidade, sutileza e sofisticação, e em sua habilidade para "lubrificar a razão"; assustadora em sua dependência do contexto e da experiência, permitindo que nos percamos ou sejamos manipulados – sem querer ou intencionalmente – silenciosa e invisivelmente.
>
> É um contraponto sóbrio contemplar quão inefável o significado é, devido à sua dependência do afeto. Assim, as formas de significado que nós pressupomos sem questionamento e pelas quais justificamos imenso esforço e desgaste na busca e disseminação de informação "significativa" podem ser ilusórias. Assim, por exemplo, não podemos supor que uma pessoa inteligente possa compreender o significado e agir de modo apropriado sobre os números mais básicos, tais como as quantidades de dinheiro ou o número de vidas humanas, isso para não mencionar medidas mais esotéricas ou estatísticas, a não ser que esses números estejam mergulhados em afetos (2002, pp. 34-35).

Ao argumentar que a racionalidade não é produto apenas da mente analítica, mas também da mente experiencial, Slovic cita, então, Antonio Damásio, o prestigiado neurocientista português, radicado nos Estados Unidos, que tem igualmente estudado esta área:

> As estratégias da razão humana provavelmente não se desenvolveram, nem na evolução, nem num único indivíduo, sem a força que guia os mecanismos de regulação biológica, dos quais emoção e sentimento são expressões notáveis. Além disso, mesmo depois que estratégias de raciocínio foram estabelecidas, seu emprego efetivo depende, provavelmente, em grande parte, de uma contínua habilidade para experimentar sentimentos. (idem p. xii).

Funcionamento mental racional, portanto, seria aquele em que emoção e razão se encontram integrados de modo harmonioso, visando os encaminhamentos mais favoráveis possíveis às situações encontradas por indivíduos e grupos. Podemos pensar que as emoções estão a nosso favor quando elas nos permitem usar com maior plenitude nossas funções cognitivas, contribuindo para uma maior abertura mental, com acesso mais amplo aos dados e, consequentemente, aumentando também a possibilidade de encontrarmos saídas mais criativas e eficazes para os problemas e desafios com que nos deparamos.

E estão "contra nós", por assim dizer, quando se interpõem à nossa captação de informações, restringindo nosso universo de ideias apenas àquelas que nos parecem, à primeira vista, doces e compatíveis com o que acreditamos, desejamos e esperamos que aconteça. Neste caso, é como se tivéssemos uma espécie de "semáforo" na nossa mente, que fica verde quando o que percebemos nos agrada – e daí acreditamos ser real, factível ou provável –, mas fica vermelho quando nos desagrada – e então achamos que não é verdade, não vai acontecer, não tem nada a ver – isso, mesmo quando é muito real... O semáforo atua em particular no âmbito imediato, das consequências do já, ou das promessas nesse sentido. Lá à frente ele fica confuso.

Foi seguindo essa linha que Freud denominou nossos dois modos básicos de operar psiquicamente como:

- "princípio do prazer" – o que é regulado exclusivamente por esse "semáforo", sem se considerarem outros aspectos, até mais importantes, da realidade;
- e "princípio da realidade" – quando transcendemos esse critério único do que nos proporciona dor ou prazer de forma imediata, e somos, então, capazes de analisar as situações de modo mais cuidadoso e preciso, ainda que com vistas também a buscar prazer e evitar desprazer – a diferença aqui é que isso é feito de modo mais consistente – e emocionalmente maduro, é claro.

Talvez Warren Buffett, um dos maiores investidores do mundo moderno, tenha intuído ou observado isso ao declarar, em afirmação que lhe é atribuída,[18] que para ter sucesso nos investimentos financeiros, basta ter um Q.I. de 25, índice baixíssimo conforme os padrões habituais de inteligência, que colocam a faixa da normalidade entre 90 e 110...

Ao prosseguir, ele enfatiza que o mais importante para esse sucesso é a capacidade de administrar os próprios impulsos.

Recapitulando. Já que somos tão vulneráveis ao tal "semáforo":

A-do-ra-mos:
- alívio de tensão e gratificação imediatos;
- desconsiderar consequências;
- acreditar que está tudo bem e seguirá assim eternamente;
- ganhar (tudo e qualquer coisa – exceto peso, claro!);
- tudo que combina com o que acreditamos;
- ter companhia (inclusive para errar junto, preferível, em muitos casos, a acertar sozinho...);
- ser aceitos e sentir que pertencemos (a um grupo ou situação).

De-tes-ta-mos:
- perdas e faltas;
- cenários desconhecidos, incertos e ambíguos;
- reconhecer que erramos, que somos limitados e que temos aspectos destrutivos (seria bom se o inferno fossem só os outros!);
- tudo o que contraria nossas crenças, expectativas e desejos;
- ficar de fora;
- considerar o longo prazo;
- pensar e tomar decisões (se der, empurramos isso para terceiros).

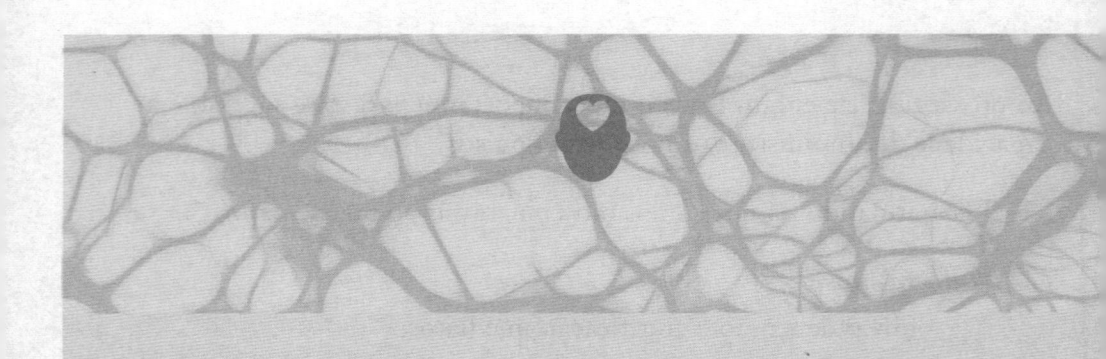

Notas

1. Freud usa a expressão *retorno do recalcado* para apontar o "processo pelo qual elementos recalcados, nunca aniquilados pelo recalque, tendem a reaparecer e o conseguem de maneira deformada sob a forma de compromisso", conforme a definição de Laplanche e Pontalis, 1970, p. 601. *Mutatis mutandis*, teria a esfera econômica operado mecanismo equivalente? Face à gigantesca dificuldade de incluir a dimensão emocional em seus estudos e, particularmente, em modelos e equações matemáticas, relegou-a à condição de "não existente". Indiferente aos movimentos dos homens e mulheres, porém, os impulsos, que (n)os transcendem, seguiram e seguem sua marcha inexorável. No popular, poderíamos dizer que as emoções não estão nem aí se nós as reconhecemos ou não! Elas fazem o que lhes cabe, que é nos impelir, basicamente, a reduzir tensão, além de colorir as situações com afetos, ajudar ou atrapalhar, dependendo da situação, mas sempre no reino do inefável. E foi assim que foram então, "oh!, que gigantesca surpresa!", redescobertas pela Economia. Na verdade, para psicanalistas e alguns outros 'psi', isso nunca constituiu qualquer novidade. Mas, em tempo, ok!, antes tarde do que nunca, certo?

2. Psicanálise e Psicologia são consideradas áreas distintas, com visão de mundo, conceitualização, método e objetivos não necessariamente convergentes entre si. A Psicanálise, por exemplo, nem sequer se filiaria ao campo da Psicologia, pautando-se por princípios diferentes daqueles que costumamos encontrar na segunda.

3. Ele recomendou seu livro *Rationality for Mortals: How people Cope With Uncertainty*, que ainda não li – eu estou ocupada escrevendo este, gente! –, mas repasso essa indicação aos interessados.

4. IAREP – International Association for Research in Economic Psychology; SABE – Society for the Advancement of Behavioral Economics.

5. "IAREP/SABE Conference Behavioural Economics, Economic Psychology: Theory and Policy", Halifax, Canadá.

6. Heurística é um atalho mental, ou regra de bolso, que simplifica e agiliza os processos de percepção, memória e julgamento à custa de perda de precisão e rigor. As heurísticas implicam vieses na hora de avaliar situações, o que conduz a erros sistemáticos, isto é, cometidos pela maioria das pessoas na maior parte das vezes. É uma das principais linhas de pesquisa da Psicologia Econômica, contando com Kahneman e Tversky entre seus expoentes, e é também assunto de grande parte deste livro. O termo se origina do grego heureka, que significa "descobri!", "inventei".

7. Eu me refiro aqui a Daniel Kahneman, psicólogo que recebeu o outro Nobel de Economia a pesquisas nessa interface, em 2002, e foi quem botou a Psicologia Econômica e a Economia Comportamental definitivamente no mapa.

8. Cognição refere-se a conhecimento, mais especificamente ao processamento de informações levado a cabo pela mente.

9. Obrigada, Cícero Brasiliano, por esta conversa elucidativa, e por tantas outras também!

10. F. Y. Edgeworth, aliás, já havia proposto, em 1879, um "hedonímetro", para calcular o prazer com precisão (Ferreira, 2007a).

11. Cf. Freud, 1927, 1911.

12. *Decisão crítica* é o termo usado pelo psicanalista W. Bion, para designar o processo psíquico presente em qualquer experiência de escolha: em primeiro lugar, "escolhe-se" entre suportar os sentimentos despertados pelo contato com a realidade, ou não. É o que denomino "semáforo", mais à frente (p. 21 e segs.).

13. FINUCANE *et al.*, 2000. (T.A.)

14. SLOVIC, Paul, 2002.

15. FREUD, 1911.

16. EPSTEIN, 1994 *apud* Slovic, 2002.

17. Vibrações, ressonâncias.

18. Obrigada pela dica, Raphael Galhano!

Capítulo 3

COMEÇANDO A SISTEMATIZAR – A CABEÇA DO INVESTIDOR EM (MAU) FUNCIONAMENTO

Traduzindo para a questão das decisões, na visão de um economista que leva psicologia em (alta) conta – tributo a Peter Earl

Peter Earl é um economista nascido no Reino Unido e, à época em que escrevi este livro, trabalhava, na Austrália e Nova Zelândia. É um pesquisador rigoroso, experiente, ético e com uma coragem que não se vê todo dia para expressar suas ideias. E ainda por cima é generoso! Sim, sou fã dele.

Em um relatório elaborado para o governo neozelandês,[1] ele sintetiza, de modo excelente, a meu ver, e dá nome e endereço às limitações humanas que se manifestam como as tais *heurísticas* ao longo de todo o processo decisório. Não há retoques a fazer, então nem vou tentar mudar – apenas traduzo, abaixo:

I. Heurísticas e vieses na aquisição de informação:

a. **HEURÍSTICA DE DISPONIBILIDADE.** Os julgamentos são afetados pela facilidade de se lembrar de exemplos ou pela frequência com que tais eventos são expostos, em vez de se referir em proporção verdadeira à frequência com que ocorrem.

b. **PERCEPÇÃO SELETIVA.** As pessoas tendem a ver o que esperam ver, desprezando exemplos em contrário a essas expectativas e buscando verificar apenas o que as confirme, em vez de verificar anomalias.

c. **INFORMAÇÕES CONCRETAS.** Estas se sobrepõem à informação abstrata e/ou estatística.

d. **FREQUÊNCIA.** Usa-se a frequência, e não frequência relativa, para julgar a força de relações de previsão.

e. **CORRELAÇÃO ILUSÓRIA.** As pessoas costumam selecionar variáveis inadequadas como supostas causas de determinados fenômenos.

f. **FOCO.** O foco dos tomadores de decisão depende de como os dados são apresentados; por exemplo, dados quantitativos podem inibir a concentração sobre dados qualitativos ou vice-versa; itens de informação absorvidos podem depender de seu lugar numa sequência de informações, ao mesmo tempo que uma apresentação aparentemente lógica de dados pode distrair as pessoas dos dados cruciais que estão faltando ali, entre outros exemplos.

g. **EFEITOS DE ENQUADRAMENTO** (*framing effects*). A inclinação de uma pessoa para comparar preços e economizar na compra de um produto pode depender da economia proporcional que ela pensa que poderá obter, e não do valor absoluto do produto, embora uma economia de 1% sobre o valor de um carro de 30 mil reais seja maior do que uma economia de 10% sobre o preço de um equipamento de som de 500 reais para o carro.

II. Heurísticas e vieses no processamento da informação:

a. Tendência a tratar pequenas probabilidades como se tivessem probabilidade zero, e grandes probabilidades como certezas, ou a evitar pensar em termos de um amplo escopo de resultados possíveis, então substituídos por foco sobre um único "melhor palpite".

b. Compreensão insuficiente de probabilidades compostas.

c. Tendência a não conseguir usar uma estratégia de avaliação consistente ao longo de casos que se repetem.

d. Lei dos pequenos números – Atribuição de demasiado peso a resultados de amostras pequenas.

e. Tendência a descontar o futuro hiperbolicamente, e não exponencialmente, o que pode contribuir para agravar problemas de vício em pessoas que já tem essa tendência.[2]

f. Avaliação superficial em face da complexidade e/ou pressão emocional da situação, resultando em escolhas impulsivas.

g. Pressões sociais tendem a tornar distorcidos os julgamentos a favor da visão da maioria, apesar de poderem se mostrar sem fundamento, como em "A Roupa Nova do Rei" [3]).

III. Heurísticas e vieses na escolha:

a. FALÁCIA DOS CUSTOS INCORRIDOS (*sunk cost bias*). Como no caso de quem consome alguma coisa só porque já pagou por ela, como serviços academia de ginástica; a utilização continuada do serviço é uma maneira de tentar justificar os gastos incorridos, muito embora sinta que, se pudesse voltar no tempo, não o faria, nem se fosse de graça!

b. EFEITO POSSE (*endowment effect*). O valor necessário para uma pessoa abrir mão de alguma coisa que já tenha tende a ser maior do que ela se disporia a pagar para adquirir aquilo, caso não o possuísse.

c. ILUSÃO DE CONTROLE. O simples ato de fazer uma escolha pode deixar a pessoa menos preocupada com as incertezas que, antes disso, ela percebia.

d. "PENSAMENTO POSITIVO" (*wishful thinking*). Na tentativa de fazer parecer apropriada uma escolha que, na verdade, foi feita por razões que se reluta em ou se mostra incapaz de admitir para ela mesma ou para os outros, a pessoa tende a inflar suas estimativas sobre os benefícios dessa escolha em outras dimensões.

e. ESTRATÉGIAS DE AUTOCONTROLE. Quem tem consciência de sua própria falibilidade como tomador de decisão tende a buscar estratégias de autocontrole que o impeçam de cair em tentação, apesar de saber que essas estratégias lhe prometem menos do que ele seria capaz de obter se escolhesse estratégias alternativas, porém condicionadas à sua capacidade para se controlar. Por exemplo, alguns consumidores abrem contas e clubes de poupança para o Natal, que oferecem taxas mínimas de juros, mas, em compensação, obtêm a vantagem de tornar impossível o acesso a retiradas até que chegue o Natal.

IV. Heurísticas e vieses pós-escolha:

a. FALÁCIA DO APOSTADOR. Depois de observar uma sequência de algum tipo de resultado, as pessoas supõem que, na próxima vez, a probabilidade de dar o resultado oposto aumente.

b. VIÉS DE ATRIBUIÇÃO. As pessoas tendem a ver o sucesso como resultado de suas próprias habilidades, enquanto o fracasso se deve sempre à má sorte.[4]

c. REMEMORAÇÃO. A reconstituição mental de problemas pode causar reconstruções errôneas do que aconteceu e afetar escolhas subsequentes.

d. VIÉS DE RETROSPECTO (*hindsight bias*). As pessoas tendem a encontrar explicações plausíveis para coisas que, se tivessem sido efetivamente vistas antes, teriam provocado surpresa.

Earl conclui esta explanação afirmando que escolha é um processo que se desdobra frente à necessidade de lidar com as complexidades da vida cotidiana num mundo em mudança, e não a seleção do conjunto ótimo de atividades em determinado momento. (Earl, 2005, pp. 11-12.)

Consequentemente, as inconsistências nossas de cada dia...

São conflitos internos e externos de um lado, limitações, idem, de outro... Seria muito difícil que o resultado final fosse um mar de rosas, não?

Se olharmos em volta, veremos que, de fato, está meio longe disso. Apesar de tantas evoluções, em particular no campo tecnológico, à humanidade cabe ainda deparar com desafios gigantescos, que vão da miséria que assola uma considerável parcela de pessoas, ao meio em que vivemos do qual dependemos e, ao mesmo tempo, devastamos como se acreditássemos que ele seria capaz de se recompor por passe de mágica.

Tudo isso acontecendo ao mesmo tempo. A parcela da humanidade que busca desenvolvimento, ao lado da outra parcela envolvida com destruição e mesmo sua potencial autoextinção. Sem se dar conta direito dos riscos que corre, insistindo nas mesmas repetições infelizes, aquela dureza para aprender com os fatos e mudar o rumo das coisas em direção a resultados mais satisfatórios. Embora, no fundo, todo mundo deseje que dê tudo certo!

Podemos pensar que, com o investidor, o quadro não seja muito diferente. Tenta-se obter o máximo de rendimento possível por meio dos investimentos. Só se coloca dinheiro numa aplicação porque se acredita que ela trará lucro. Em sã consciência, ninguém rasga dinheiro. Por quê, então, não dá tudo certo, sempre, se está todo mundo tentando fazer tudo direitinho?

Naturalmente, dentro dos parâmetros da competitividade, um querendo ganhar em cima da perda do outro, como sói acontecer em nosso sistema econômico (que não discutiremos aqui, apesar de merecer, sim, longo debate).

Então, em que pesem as melhores intenções – e os desejos de todos viverem no conforto ou no luxo –, os investidores falham devido às suas tão humanas limitações. Isso se reflete em inconsistências, comportamentos que não "batem" uns com os outros, como poderíamos dizer. Numa hora, a pessoa evita riscos, em outra, o mesmo sujeito, diante de opções matematicamente equivalentes, escolhe a mais arriscada. Este é o grande exemplo clássico, que Kahneman e Tversky expuseram há pelo menos 30 anos:[5]

O *que você prefere?*

> **Cenário 1**
>
> *ter certeza de que ganhará 3 mil*
>
> **Ou**
>
> *ter 80% de chance de ganhar 4 mil, com 20% de chance de não ganhar nada?*

E *agora?*

> **Cenário 2**
>
> *ter certeza de que perderá 3 mil*
>
> **Ou**
>
> *ter 80% de chance de perder 4 mil, com 20% de chance de não perder nada?*

No cenário 1, a maioria das pessoas escolhe a opção "a", ou seja, um pássaro na mão, em vez de dois voando...

Contudo, no cenário 2, a preferência se inverte e, segundo a hipótese verificada pelos autores, para tentar não perder nada, o sujeito escolhe "b", o que significa que poderá vir a perder mais, com uma probabilidade pequena de não perder realmente...

SIM! O que sabemos é mínimo, o inconsciente é vasto...

Isto vem da Psicanálise: a maior parte do que constitui nossa mente nos é desconhecida. E, para complicar mais ainda, não adianta apenas querermos saber o que se passa nela, porque esse lado, chamado de *inconsciente*, fica inacessível à nossa deliberação pela cortina brava do censor e do recalque.

Funciona mais ou menos assim: nossas pulsões básicas, aquelas que estão conosco desde que nascemos, têm uma espécie de vida autônoma, da qual só vislumbramos alguns indícios. Por exemplo, à noite, quando sonhamos, temos uma pequena amostra desse estranho mundo de representações psíquicas, tantas vezes sem sentido aparente. Quando cometemos atos falhos, também – queremos dizer o nome da amiga e sai o da velha tia! São fragmentos do inconsciente que escapam à barreira do recalque e irrompem assim, meio sem pé nem cabeça, em nossa vida consciente.

Porém, o fato é que a maior parte de tudo que se passa em nossa cabeça segue na sombra, sem que tenhamos notícias claras de seu percurso dentro de nós. Mas suas repercussões, ah, essas conhecemos bem! Uma tristeza que surge do nada – ou uma alegria, uma raiva –, qualquer sentimento cuja origem desconhecemos. Claro que, rapidamente, buscamos atribuir-lhe alguma causa com aparência lógica, para não ficarmos no breu total, coisa que, como temos visto, de-tes-ta-mos. No entanto, isso não significa que saibamos, de fato, os motivos para sentirmos isso ou aquilo.

Isso para não falar dos conflitos: "Eu tenho certeza de que seria melhor eu me desfazer destas aplicações agora"; mas quem disse que eu consigo?? E por que não? Quer saber a verdade? No fundo, no fundo, nem eu tenho a menor ideia...

Ou aquele outro, super popular: todo mundo dizendo que é hora de mudar de investimento; desta vez eu parei e pensei, com o maior cuidado, qual seria a melhor alternativa para mim e, não, não é aquela que todos estão louvando. Faço o quê, então? Sigo minha cabeça ou vou pela dos outros?

Em psicologia social tem um experimento antigo muito citado:[6] um sujeito fica num grupo que está todo previamente combinado, mas ele não sabe disso; eles recebem uma tarefa ultrassimples – dizer qual traço tem o mesmo tamanho de um modelo dado; é simples porque as alternativas são indiscutivelmente claras, e só uma delas se aproxima do modelo dado – não há como errar. Acontece que, à medida que o grupo vai escolhendo a alternativa errada, o sujeito vai se sentindo pressionado e, na maior parte das vezes, entra na onda!! Se colocada para fazer o teste sozinha, a pessoa acertaria, mas em grupo ela errava um terço das respostas – e olha que a tarefa era para lá de banal! Além disso, o grupo, é bom lembrar, era formado de maneira aleatória, ninguém se conhecia, de modo que não havia nenhuma razão importante para a pessoa na berlinda querer fazer boa figura perante eles, portanto...

Olhando de fora, dá até aflição imaginar o quanto o sujeito precisou se violentar para concordar com uma barbaridade daquelas... Mas a gente não precisa ir tão longe: o que é mesmo o tal *comportamento de manada*?

 É aqueles fenômenos manjados: depois que a Bolsa já subiu bastante, aí é que vem a vontade de entrar – e isso vale mesmo para aqueles que já sabem como a coisa funciona, que se já subiu muito, então vai ser difícil subir muito mais etc. De pouco adianta, a comichão para se juntar à multidão é realmente poderosa e são poucos que resistem a ela sem suar um pouco...

PITADA DE NEUROCIÊNCIA

Mais recentemente, o experimento de Asch foi reproduzido, valendo-se agora de modernos equipamentos de mapeamento cerebral, concomitantemente, e qual não foi a surpresa ao se verificar que os sujeitos complacentes com o grupo estavam, de fato, "vendo" as imagens erradas! Isso é que é reduzir a dissonância cognitiva de modo bem-sucedido...

Um pouco sobre massa

Se o indivíduo funciona conforme descrito no capítulo acima – e, convenhamos, não é propriamente uma Brastemp –, há de se convir que, dentro de tão precários parâmetros, o ser humano até que bate uma bola importante também. De um lado, tantas limitações psicológicas – mas de outro lado, a estonteante Capela Sistina e outras maravilhosas produções humanas; ou seja, vida árdua, luta dura e incessante, e a humanidade aqui, se enternecendo com os filhos e outros entes amados, com arte, com ciência, capaz de generosidade, tentando dar conta de desafios monumentais e, temos que reconhecer, a imensa maioria não desiste, não!

Vai à luta, alguns buscando também a realização material, seja pelo enriquecimento, seja pelo planejamento de suas finanças para viver com conforto, mas esforçando-se por ganhar dinheiro e pensando em como investi-lo melhor.

Onde está o problema, então?

Se, sozinho, o indivíduo já tem tantas fontes potenciais, dentro de si próprio, para se atrapalhar, quando a coisa é colocada em termos de grupo, aí complica ainda mais. Porque o mercado financeiro é isso, certo? Um grande grupo constituído por investidores individuais, instituições, *experts*, analistas, consultores, agências de risco (estas, meio em baixa depois dos foras homéricos pré-crise – e não só esses, aliás[7]), mídia, governo, empresas... Grande, complexo, *online* 24 horas por dia, global. Essa massa não é pouca coisa!

E fica mais intrincado ainda quando adicionamos as dimensões psicológicas a esse quadro. Porém, elas estão efetivamente presentes, então só podemos mesmo arregaçar as mangas e seguir em frente.

Podemos falar numa *mentalidade de grupo*, que seria um "fundo comum ao qual as contribuições anônimas são efetuadas e através do qual os impulsos e desejos implícitos nestas contribuições são satisfeitos."[8] Quando muitos indivíduos estão reunidos sob a forma de *massa*, encontramos, em princípio, uma exacerbação de suas características mais primitivas. É como se houvesse um tipo de regressão e cada um fica um pouco à mercê da influência dos demais, e isso acontece em grau mais intenso do que se compararmos ao indivíduo pensando, sentindo e agindo sozinho.

Na verdade, é bom já lembrar que, a rigor, não existe esse estado "sozinho". Mesmo quando a pessoa não está com ninguém de carne e osso, em sua mente há sempre representações de pessoas com quem se relaciona ou se relacionou no passado, então é como se houvesse uma espécie de "comunidade interna", que está sempre presente. Além disso, todas as marcas sociais, culturais e históricas já estão impressas em sua personalidade também, seja pela linguagem, seja pela herança familiar ou grupal, ou qualquer outro tipo de identidade coletiva que permeia sua identidade individual.

Tudo isso para dizer que não existe o bloco do eu-sozinho!

Mas, quando vários indivíduos se articulam numa condição como esta encontrada no mercado financeiro, pode-se observar diversos mecanismos psicológicos que se manifestam também em outras situações coletivas.

Como dizia Gabriel Tarde, um dos fundadores da Psicologia Econômica, no final do século XIX, obedeceríamos a três leis básicas:[9]

1. *imitação*
2. *repetição*
3. *inovação*

Vamos nos concentrar na mais poderosa delas: a imitação.

Para Tarde, que era jurista e pensador social, a imitação podia ser imposta, voluntária ou não consciente, ocorrendo em velocidades diferentes conforme o processo de difusão pelo qual se daria. Ele propunha, por exemplo, um modelo semelhante à irradiação numa família de cupins, mas o que talvez seja digno de nota é o fato de a imitação poder se manifestar, fosse como aceitação ou rejeição de crenças, sempre com origem na mente humana.

Assim, a imitação poderia ter duas causas sociais: no caso de ser imitação *lógica*, ela se daria após um exame (mais ou menos) cuidadoso, e uma avaliação da utilidade daquela inovação para o indivíduo; mas no caso da *extralógica*, que seria uma cópia cega, sem se importar com a real utilidade que poderia ter, a motivação estaria no sentimento de que as crenças ou comportamentos de outras pessoas, consideradas superiores a si, seriam mais adequados para sua vida. Não se esquecendo que todo esse processo pode ser inconsciente!

E, arrematando com suas palavras, "pensar espontaneamente é sempre mais cansativo do que pensar pelos outros".[10]

Sobre a questão da difusão, ele propunha três métodos:

a. LEI DA DESCIDA (*law of descent*). Estratos superiores são imitados pelos inferiores. É o caso, por exemplo, de investidores que observam atentamente os movimentos dos grandes investidores e procuram reproduzi-los, mesmo sem perceber que, muitas vezes, o momento propício para aquele investimento já passou, ou quando ele próprio desconfia da estratégia, mas deixa o poder da autoridade falar mais alto – "eles, que são grandes, devem saber o que estão fazendo... só me resta ir atrás!" (Veja também "Regras de Decisão em Cascata", p.111)

b. LEI DA PROGRESSÃO GEOMÉTRICA. Esta lei aponta para a rápida disseminação, a partir do ponto de origem – pode ser do boato, da mania, do pânico etc. Aqui, temos os manjadíssimos movimentos de manada: por que o mercado resolveu que, a partir da quebra do Lehmann Bros., em 15 de setembro de 2008, ninguém mais confiaria em ninguém e todos parariam de oferecer crédito? Outros solavancos já haviam sido sentidos mais de um ano antes, instituições tinham ido à bancarrota, mas todos seguiram firmes, como se não houvesse risco algum, até aquela fatídica segunda-feira... É difícil explicar, mas fácil reconhecer que houve algo parecido com um *tsunami* daquele momento em diante, como se todos tivessem recebido uma espécie de senha, um sinal que dizia: "Tudo o que valia não vale mais; agora, é salve-se quem puder, fui!"

c. LEI DO INTERNO ANTES DO EXÓTICO (*law of the internal before the exotic*). Por esta lei, modelos internos seriam imitados antes dos externos, como, por exemplo, imitação de ideias antes da imitação de sua manifestação externa, ou fins imitados antes dos meios. Podemos pensar numa expressão desta lei no lapso de tempo que costuma decorrer entre o investidor neófito começar a ficar com vontade de investir – geralmente, nos momentos de alta – e como essa vontade vai crescendo antes que ele a concretize, o que acaba, muitas vezes, levando-o a entrar precisamente... na hora errada!, isto é, quando a tendência de alta não se sustenta mais e começa a cair.

Sobre imitação, podemos complementar que se trata do primeiro método de aprendizagem do ser humano, permanecendo como um dos mais primordiais ao longo de toda a sua existência. Por isso fica tão difícil evitar que esse comportamento ocorra!

Além disso, temos uma espécie de tendência a nos conformarmos com a maioria. Quem usou os primeiros *jeans* nos anos 1960 talvez se lembre de seu caráter contestatório; porém, ao mesmo tempo, se torno imperioso ter um par de calças azuis daquele brim especial justamente para... poder ficar igual aos demais! É também o caso de tatuagens e *piercings* para os jovens de hoje, que muitas vezes se sentem "os" rebeldes ostentando seus adereços, embora já seja difícil encontrar alguém nessa faixa etária, nos grandes centros urbanos, nos quais a moda se dissemina rapidamente, sem um deles. Não tem como – a exceção quase sempre vira regra entre os seres humanos.

Mesmo quando não faz sentido para o indivíduo, isso que é mais curioso! Há um documentário[11] que mostra isso muito bem: são duas situações experimentais, em que os sujeitos estão numa sala e, em ambas, o elemento comum é a fumaça que começa a penetrar ali, vindo do cômodo contíguo, onde dá a impressão de que está havendo um incêndio brabo. Na primeira situação, há apenas um indivíduo na sala; na segunda, há um grupo que foi previamente instruído a ignorar a fumaça e um indivíduo que não recebeu essa instrução. Quando o sujeito se vê sozinho nessa situação e pensa estar havendo um incêndio, não hesita e sai correndo, nem pensa em se arriscar ficando ali; mas a coisa muda de figura quando ele está em grupo: o grupo, como é praxe nesse tipo de experimento, é formado por *confederados*, que são cúmplices, pessoas previamente instruídas pelo experimentador para se comportar de determinadas maneiras – e aqui o restante do grupo ignora a fumaça e continua realizando a tarefa passada pelo experimentador. Pois, o único sujeito ingênuo (ele não é *confederado*), coitado, fica bem "encanado" com a fumaça, mas olha em volta e, vendo que ninguém mais está tomando qualquer providência, parece "raciocinar" que talvez não seja o caso de reagir mesmo. Ou seja, a pessoa fica super incomodada, mas a pressão do grupo – que não precisa dizer uma palavra sequer, ou esboçar qualquer gesto, apenas permanecer indiferente ao problema – é suficiente para fazê-la ter profundas dúvidas sobre como reagir no caso.

Existe até uma variação do experimento ainda mais aflitiva de se assistir – o sujeito é um jovem artista, de quem se esperaria maior autonomia nos comportamentos e menor deferência por convenções sociais – e, de fato, ele logo verbaliza suas preocupações, ao que os demais reagem dizendo que não há problema e eles devem seguir com a tarefa solicitada. Ele não se conforma e acaba se levantando para deixar a sala – e não é que, na última hora, o cara volta?? Sim, ele parece experimentar um conflito interno tão intenso, que acaba desistindo de seguir o que seus sentidos estão captando da realidade externa e lhe comunicando – "Perigo! Saia já daqui!!" – para ficar com sua realidade interna, onde o grupo parece ocupar posição de grande poder, e volta meio desenxabido para o seu lugar... (cf. também Asch, p. 31).

Essa descrição pode parecer menos surpreendente se nos lembrarmos das centenas de casos em que investidores agem exatamente do mesmo modo, ignorando seus próprios conhecimentos e abrindo mão de pensar com sua própria cabeça e proteger seus próprios interesses, em nome de não abandonar um rebanho que lhe passa tanta segurança – mesmo que seja para rumar para o abismo e perder dinheiro...

E se já adicionarmos também um tempero psicanalítico a esses relatos, lembraremos que somos bastante desamparados do ponto de vista psíquico, o que nos leva a, sempre que possível, buscar companhia e conforto junto aos semelhantes. (Cá entre nós, às vezes, também entre os cachorros – ou gatos, para quem é desse outro ramo –, essa companhia "bate uma bolinha"!)

Como os investidores estão cansados de saber, tudo isso vale inclusive nas situações mais radicais, quando damos preferência a seguir os outros, mesmo não acreditando que estejam certos, a nos orientarmos por nossa própria, e solitária, cabeça. O velho quase-ditado: "é melhor errar junto do que acertar sozinho". Que, melhor dizendo, expressa o receio de errar sozinho, este sim, o verdadeiro pesadelo. Então, mesmo com microdúvida, opta-se por ir atrás do rebanho.

Pronto! Chegamos ao conhecido *espírito de manada*. Este elemento já faz parte indiscutível das análises sobre o mercado financeiro. A tendência, quase irresistível, de seguir a maioria e/ou de acreditar que a maioria saiba de coisas que a própria pessoa desconhece, daí a conveniência de ir atrás deste "outro onipotente e onisciente".

Uai, mas isso não contraria aquela história da *autoconfiança* exagerada que quase todo mundo exibe??

Não! As duas visões são complementares: eu só me sinto acima da média e espertíssimo, porque, no fundo, duvido dolorosamente disso. Contudo, como é indigesto averiguar melhor em que estado se encontram minhas reais habilidades, posso chegar a um aparente meio-termo (em Psicanálise, a gente chama de *formação*, ou *solução, de compromisso*) da seguinte forma: beeeeeeeeeeeem lá no meu íntimo, onde nem mesmo eu tenho acesso direto, farejo minhas limitações, minha precariedade, e tudo isso me assusta bastante; como resultado, procuro evitar o confronto com essas fragilidades e... Shazam!, bem ali onde a coisa me incomoda cresce agora o seu oposto! Nada de fraqueza, eu sou apenas o máximo! Tudo sei, tudo posso, nada me atemoriza ou me detém. Afinal, eu sou "o cara"! Sou melhor do que todo mundo!

Só que, na hora da "onça beber água", a coisa aperta e me vejo diante de minha parca realidade – "sei lá o que vai acontecer, Deus me livre de entrar pelo cano, em especial se for sozinho!, então, galera, aqui vou eu também, vamos ficar todos juntinhos?".

De onde se depreende que é melhor acreditar que estou acima da média nos cenários tipo céu de brigadeiro quando há poucas chances de dar errado, mesmo quando essa bonança for fruto de fatores exógenos à minha pessoa – nos mercados financeiros, por exemplo, naqueles períodos em que todos estão ganhando também, por uma conjunção de fatores benignos: a China está crescendo, com dinheiro em caixa e fome para consumir; os americanos, que estão sempre famintos para consumir, mesmo que não tenham, necessariamente, dinheiro em caixa, podem recorrer ao crédito proporcionado por novos e – m-a-r-a-v-i-l-h-o-s-o-s – produtos financeiros desenvolvidos recentemente pelo mercado e embalados como "risco-zero", ou algo próximo disso; todo mundo adora e se dá bem na ciranda, enquanto ela dura, claro... Então, quem é que vai peitar e botar o dedo na ferida? Bom, você já viu esse filme e esses personagens, em cartaz nos melhores países do mundo, então não precisamos repetir seu enredo, certo? Entretanto, a tendência é acreditar – mesmo – que tudo se deve às minhas especialíssimas qualidades de mago das finanças!

Já quando o caldo entorna e deparo com a incerteza, com as controvérsias, em particular, com a perspectiva de perder dinheiro – e, quiçá, jamais reavê-lo –, com o pânico, enfim, aí é hora de botar as barbas de molho e ocupar meu lugar no rebanho, onde encontro algum abrigo para o meu medo e o meu desamparo. Que brotaram agora? Não, que sempre estiveram dentro de mim, embora sem que eu pudesse saber disso claramente. Por isso, quando esses sentimentos retornam, fazem-no com força total – praticamente, com a mesma força que usei para, lá atrás, acreditar que não existiam, tentando me livrar de sua presença grudenta. Afinal, quem consegue se sentir o rei da cocada preta sabendo que não passa de um mero mortal?

Freud também se debruçou sobre a questão dos grupos, e afirmava que a mente grupal é semelhante à mente dos povos primitivos.[12] Neles, ideias contraditórias podem coexistir sem que surja nenhum conflito por conta da falta de lógica entre elas. Ele vai mais longe e afirma que:

> os grupos nunca ansiaram pela verdade. Exigem ilusões e não podem passar sem elas. Constantemente dão ao que é irreal precedência sobre o real; são quase tão intensamente influenciados pelo que é falso quanto pelo que é verdadeiro. Possuem tendência evidente a não distinguir entre as duas coisas (Freud, 1921, p. 104).

Para ele, as operações mentais do grupo prescindem de uma verificação do que é real ou irreal, uma vez que o que tem mais força ali – e da mesma forma que sucede nos sonhos – são os impulsos, os desejos, que são inconscientes, aliás.

Como resultado de todas essas características, temos o indivíduo aceitando, na dimensão do grupo, até mesmo condições que lhe são deletérias, em nome de tentar dissolver conflitos internos que ele próprio desconhece em grande medida. Em suas palavras, novamente:

> *Pois a massa do povo aceita as coisas facilmente: ela não exige mais do que um único motivo à maneira de explicação, não agradece à ciência por sua falta de limites, quer ter soluções simples e saber que os problemas estão solucionados* (Freud, 1933, p. 174).

Durante a Segunda Guerra Mundial, Bion, outro genial psicanalista, este inglês e também já falecido, trabalhou com grupos e avançou ainda mais as ideias de Freud. Inicialmente, os grupos que manteve eram compostos por soldados que tinham retornado do *front* com diferentes tipos de incapacitação mental; depois, porém, ampliou para outras pessoas. Essas experiências renderam um livro,[13] no qual identificou três tipos de operações psíquicas inconscientes em grupos, que influenciariam de forma acentuada o seu comportamento de modo geral. Denominou-as *suposições básicas*, que seriam emoções e fantasias subjacentes às interações do grupo, embora seus componentes não tenham clareza sobre isso.[14]

São elas:

1. LUTA E FUGA. O grupo se estrutura em torno da crença em um inimigo comum e ameaçador, que poderia atacar a qualquer momento, restando-lhe apenas as alternativas de opor-se ao ataque por meio de luta ou de fuga; esse contexto mantem a coesão do grupo com facilidade – "quem não está conosco, está contra nós" é um exemplo dessa modalidade de comportamento.

2. ACASALAMENTO. Neste caso, a crença é em uma espécie de messias ou redentor que, se fantasia, seria concebido a partir de um casal idealizado. Esse messias viria liderar, salvar todos e realizar seus desejos.

3. DEPENDÊNCIA. Aqui temos a figura da autoridade, que exerce liderança e representa o poder de decidir sobre todos, ao mesmo tempo que protege – e mantém na menoridade, em posição subalterna – seus dependentes.[15]

Transpondo para o mercado financeiro, situações dessa natureza podem ser observadas tanto no microcosmo dos fóruns de discussão de investidores, como no âmbito maior da rede mundial de mercados, em especial quando atravessam turbulências. É assim que podemos ter grandes movimentos de desconfiança em torno de inimigos comuns, que congregam "correligionários" se contrapondo a eles – "Afinal, quando é que a China vai mexer no câmbio?", "Por Deus, quem é que acha que uma maior regulação do mercado vai funcionar realmente?", "Será que o raio daquela empresa vai quebrar, no fim das contas, e afundar a Bolsa e todo mundo junto?", ou ainda, o eterno duelo entre fundamentalistas e grafistas.

As crenças messiânicas também são populares: "Tal ação vai bombar, e quando isso acontecer, ficaremos milionários!", "Quando o gráfico apresentar tal padrão, daí vai ser o fim do mundo" – ou o começo do paraíso, tanto faz, desde que se espere por aquela espécie de redenção trazida pelo messias. Mas atenção: messias só funciona se não aparecer!

A força dessa suposição básica repousa na sua ausência – se o messias chegar mesmo, o grupo que espera por ele se dispersa e acaba...

O líder todo-poderoso também é figurinha carimbada no mercado. Cheio de saber e com autoconfiança do tamanho da Via Láctea, ele decreta que comprar "x" está certo, mas vender "y" é absurdo, e pode também assinar embaixo, ou jogar às feras, afirmações de terceiros – e lá vai a manada atrás, bebendo cada letra que salta de seus lábios.

Reza a lenda que, nos tempos em que Alan Greenspan ocupava esse lugar de líder todo-poderoso, como presidente do Fed (o Banco Central norte-americano), "especialistas" procuravam decifrar cada levantar de sobrancelhas, cada pausa mais prolongada em seus pronunciamentos, o lado para onde olhava quando respondia a esta ou aquela pergunta dos jornalistas etc. – tudo na esperança, algo vã, me pareceria, de desvelar sentidos ocultos e, dessa forma, obter orientação para os sonhados ganhos.

Felizmente, como nem tudo está perdido, existe também a modalidade chamada *grupo de trabalho*, que opera de modo eficiente, apresentando dinâmica mais madura e próxima da realidade. Uma pena que sejam ocorrências raras, no mercado financeiro ou em qualquer outro setor...

Resumindo, Bion acredita que o grupo pode representar uma espécie de "ação recíproca entre as necessidades individuais, a mentalidade do grupo e a cultura", considerando-se a cultura como "expressão do conflito entre a mentalidade do grupo e os desejos do indivíduo" (1975, p. 47). De um lado, somos sempre "influenciados por aquilo que achamos ser a atitude de um grupo para conosco e consciente ou inconscientemente governados por nossa ideia dela" (p. 24), ao mesmo tempo em que temos dificuldade para transmitir ao grupo significados que sejam distintos daqueles que o grupo prefere manter.

E, como somos seres sociais, essa tensão não se resolve nunca. O mercado financeiro que o diga...

Outro exemplo de manada são os IPOs[16] em determinados momentos. O que é aquilo?? Parece mais fila para comprar iPad... Será que os investidores que, naquele momento, se digladiam para conseguir comprar as ações que estão saindo do forno sabem realmente o que estão fazendo? Estudaram com o devido cuidado o estado atual da empresa e suas perspectivas futuras, além de examinar as condições do mercado, e as suas também, ou seja, se tem recursos suficientes, entre outras coisas?

Ou será que para grande parte deles tudo aquilo não passa de febre? E, como tal, dominada pelas conhecidas emoções que se traduzem em frases como:

- "Não posso ficar de fora!";
- "Deus me livre e guarde de ser o único 'mané' dessa história, por isso preciso comprar também!";
- "Se eu perder essa oportunidade agora, minha vida acabou...";
- "Como indiscutível rei da cocada preta, é óbvio que eu preciso participar dessa barbada";
- "É agora que eu tiro o pé da lama".

Talvez, por isso, a gente assista a coisas curiosas, como um IPO "bombar" geral e, logo em seguida, outro, meio equivalente, parecendo que irá na mesma linha, "flopa" e não decola de jeito nenhum...

É como tudo quando se trata de massa: mistério insondável... Uma hora vai numa direção, outra hora vai na oposta. E vá entender o que determinou um movimento ou o outro!!

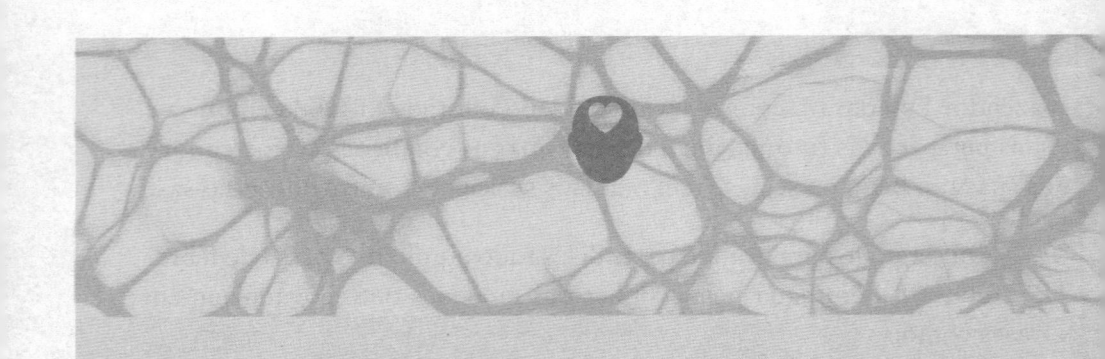

Notas

1. EARL, Peter E., 2005.

2. Na verdade, essa operação de desconto hiperbólico subjetivo está presente em outros campos também, manifestando-se como uma espécie de "crença infundada na própria capacidade ou força de vontade futura". Por exemplo: "hoje eu não consigo resistir a esta tentação; mas na semana que vem, tenho certeza de que conseguirei!". E assim sucessivamente, nunca conseguindo, mas sempre acreditando que, logo adiante, será capaz.

3. No conto de Andersen, o rei, na verdade, estava nu, e isso só foi denunciado por uma criança, mais livre da pressão social.

4. E, podemos acrescentar, conforme gestores e consultores financeiros tão bem sabem, o fracasso, na visão de seus clientes, frequentemente é culpa deles, gestores!

5. Kahneman & Tversky, 1979.

6. ASCH, Salomon, 1956.

7. Se tiver interesse nessa discussão – como as agências de risco também estão sujeitas a influências psicológicas –, veja Ferreira, 2003, 2007d e Ferreira & Lisoni, 2009.

8. BION, W., (1961) 1975, p. 42.

9. WÄRNERYD, 2008b.

10. TARDE, 1890, p. 93 *apud* WÄRNERYD, 2008b.

11. *Human Zoo*, transmitido pela GNT, em 2001. Obrigada, Clayton Calixto, que nos mostrou o vídeo em aula, na FIPECAFI!

12. FREUD, 1921, p. 103.

13. BION, 1975.

14. "Seja o que for que ela [a situação no grupo] pareça ser na superfície, essa situação está carregada de emoções que exercem uma influência poderosa e frequentemente inobservada sobre o indivíduo. Em resultado, suas emoções são estimuladas em detrimento de seu julgamento" (BION, 1975, p. 31).

15. A este propósito, o autor afirma que"...o grupo é bastante incapaz de enfrentar as tensões emocionais dentro dele, sem acreditar que possui uma espécie de Deus que é inteiramente responsável por tudo que acontece." (Bion, 1975, p. 30), e do qual, portanto, se sente profundamente dependente.

16. IPO, *Initial Public Offering*, ou oferta pública inicial, se refere ao momento em que uma empresa abre seu capital e suas ações passam a ser comercializadas na Bolsa de Valores.

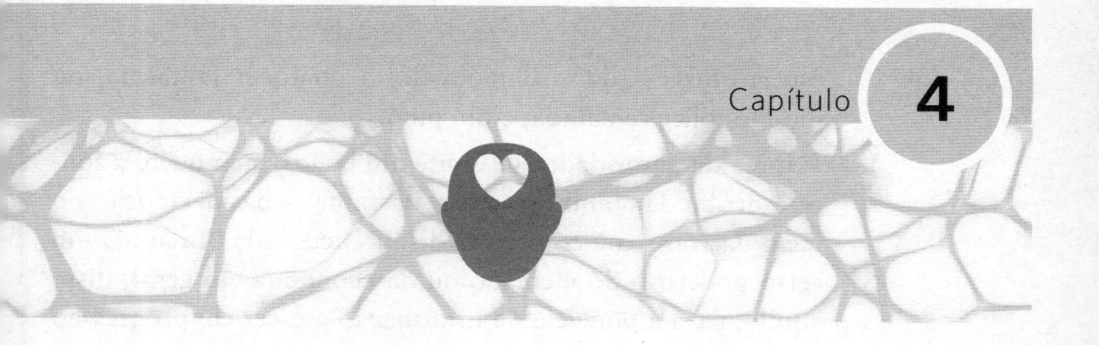

Capítulo 4

"QUEM NÃO SE COMUNICA, SE ESTRUMBICA!" E QUEM SE ATRAPALHA NA COMUNICAÇÃO, FAZ O QUÊ?

Boatos – por que alguns "colam" e outros não?

Não vou me atrever a escrever um tratado sobre boatos, assunto que sem dúvida mereceria um. Mas, à guisa de provocação, derramo algumas linhas que podem estimular a observação quando você se deparar com essa situação – porque o xis da questão com os boatos é saber se eles são procedentes ou não, certo?

1. O boato cola quando ninguém sabe o que está acontecendo; como rotineiramente este é um estado odiado – o da ignorância –, prefere-se embarcar em qualquer fiapo de explicação a permanecer na escuridão – mesmo que seja a maior barca furada do pedaço.

2. Boatos também colam em períodos de persecutoriedade aguda, por exemplo, quando os mercados estão caindo – ou subindo muito – e todos temem ficar de fora dessa, ser o único a se dar mal, então saem farejando pistas do que seria mais

esperto fazer – daí a dar ouvidos a qualquer fantasma, ou mesmo tolice rematada, é um pulo.

3. A força da autoridade que emite um boato, ou a quem a fonte é atribuída, também conta bastante – basta colocar no meio da frase, até com certa displicência, que "fulano", um certo poderoso do mercado ou da economia em geral, disse aquilo, para a potência da informação crescer em progressão geométrica.

4. Se casar com nossas expectativas, então, daí é "sopa no mel" – ou música para os ouvidos – seja com a conotação que for, positiva ou negativa, mas desde que encaixe suavemente na nossa estrutura mental, sem a desafiar nem a forçar em direções que provoquem desconforto, facilita geral para que acreditemos nele.

5. Quanto mais gente parecer já ter aderido ao rumor, mais fácil para aderir também, sem maiores questionamentos.

6. A pressão para decidir – tem de ser rápido, tem de ser acertado, tem de ser seguro etc. – também aumenta nossa maleabilidade para acreditar em boatos, que emergem como quiméricas tábuas da salvação em meio a tamanho desamparo e incerteza.

7. Por fim, uma citação de Shiller, sobre quem veremos mais à frente (cf. p. 138 e segs), que também cai como uma luva sobre a visão psicanalítica do funcionamento mental: "Umas das razões pelas quais o contágio de ideias às vezes pode acontecer rapidamente, fazendo o público mudar de opinião tão abruptamente, é que as ideias em questão já estão em nossas cabeças. Mesmo ideias conflitantes podem coexistir em nossa mente, e uma mudança que apoie os fatos ou a atenção do público de repente pode pôr em destaque uma crença que contradiz crenças antes inabaláveis" (2000, p. 152).

Fora isso, estamos no campo do imponderável: por que determinados produtos emplacam e outros não? Ou, mais intrigante ainda: por que, depois de fracassar numa primeira vez, tornam-se um grande sucesso quando são relançados? O mesmo vale para gírias, modas, comportamentos em várias áreas – e boatos. Se alguém conseguisse mapear o que "cola" ou não no público, viraria o rei do *marketing* – e o imperador da humanidade!

Um é pouco, dois é bom, três é demais

O título é só para chamar sua atenção para o risco de tentar obter informações demais para tomar decisões financeiras. Claro que fazer tudo às cegas não é o caminho e ninguém é maluco de sugerir nada nessa linha. No entanto, há indícios de que informação demais pode atrapalhar, e não ajudar.

Para começo de conversa, há que se considerar a qualidade das informações, sua pertinência para o caso em questão, a fidedignidade de suas fontes e – com o devido cuidado aqui com as ciladas da autoconfiança exagerada! – sua habilidade para administrar as informações.

Veja só: um pesquisador de Harvard[1] estudou a relação entre investimentos e notícias, colocando os sujeitos em simulações de mercado. Dois grupos acompanharam uma ação relativamente estável, mas um deles não recebeu nenhuma notícia a esse respeito, ao passo que o outro recebia atualizações frequentes de notícias sobre aquela ação. Em paralelo, dois outros grupos, divididos de acordo com o mesmo parâmetro (com notícias e sem notícias) seguiram uma aplicação mais volátil.

Resultado: em ambos os casos, os dois grupos que operaram sem notícias obtiveram retornos mais elevados – e isso não teve nada a ver com o fato de as notícias serem boas ou más –, sendo que com relação à ação volátil, o desempenho ficou em 2 a 1 para aquele grupo.

Isso me lembra uma observação perspicaz de um ex-aluno,[2] com experiência em gestão financeira, que a expressou em meu curso, no ápice da crise, em 2008: imagine se você estivesse querendo vender um imóvel e recebesse cotações de seu valor minuto a minuto – agora está 500 mil... Ops, caiu para 490 mil... Ei, subiu para 508 mil..., e assim por diante – será que isso facilitaria sua vida? Desconfiamos que não, embora seja a isso que o investidor no mercado financeiro está exposto, dia e noite, segundo a segundo, se quiser. E agora entrou todo mundo na onda, ninguém mais concebe ficar sem essas informações em tempo real, para investir.

Ainda assim, será que é bom para você?

Também na palestra que fez no Brasil, em 2009, Kahneman repetiu o mantra da maioria dos especialistas em Finanças Comportamentais: o mais indicado seria, depois de uma ponderação cuidadosa, definir seus investimentos e... não voltar a olhar para esses extratos por cinco anos!!

Quando eu comentei sobre essa recomendação – inclusive por menos tempo, não olhar por "apenas" um ano – numa entrevista no início de 2008,[3] quase apanhei de alguns economistas e outros especialistas no mercado financeiro! Eu mesma não costumo fazer prescrições ao mesmo tempo específicas – "não olhe durante um ano" – e gerais, isto é, destinadas a toda e qualquer pessoa. Simplesmente, citei os estudos dos colegas dessa área. Mas já não agradou a muita gente...

O poder do gráfico

E agora vejam esta, envolvendo informações por gráficos: Benartzi e Thaler,[4] que são dois pesquisadores experientes na área psicoeconômica, ofereceram, a dois grupos, opções para planos de aposentadoria variando o seguinte para cada um: um grupo recebia gráficos com a distribuição de longo prazo de fundos *equity* e de alternativas mais estáveis, enquanto o outro não recebia esses gráficos. A simples mudança nessa variável mostrou ser responsável por maior preferência por fundos *equity* no primeiro caso, mas não no segundo, revelando uma "miopia" na aversão à perda, ao focar o olhar apenas nesse ponto.

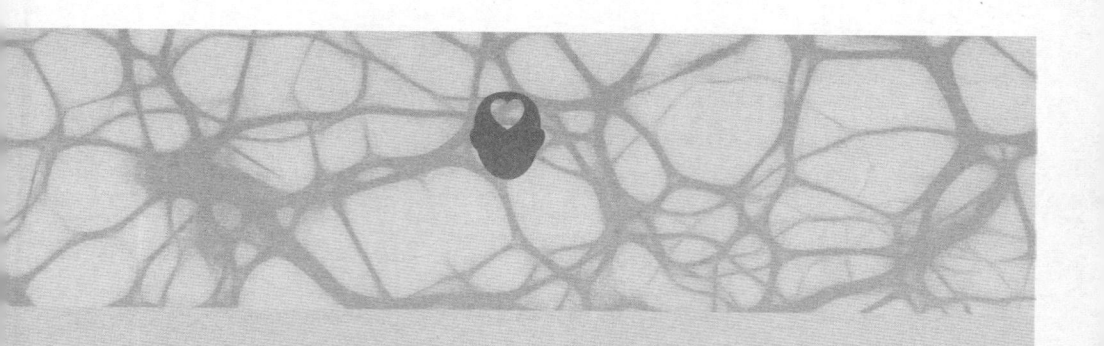

Notas

1. Paul B. Anderson *apud* Dan Moisand CFP®. "Using Behavioral Finance to Improve Client Communications". Em comunicação pessoal a integrante do curso de Psicologia Econômica.

2. Valeu, Gelber Santos!

3. "Psicanalista vê otimismo cego na Bolsa", *Folha de São Paulo*, 11.2.2008. Vale observar que, como sempre acontece frente ao "recurso escasso" que é o espaço nos veículos de mídia, aqui também a entrevista foi pesadamente editada, com simplificações e cortes que eu não teria feito.

4. BENARTZI & THALER, 2001.

Capítulo 5

AGORA, AOS EXEMPLOS

Caro leitor,

Vou precisar de sua ajuda para examinar os exemplos. Uma das máximas da Psicologia Econômica diz o seguinte:

 A realidade é aquilo que percebemos dela.

Em outras palavras, há diferenças entre a percepção das pessoas, de acordo com fatores relacionados à personalidade, à história de vida, ao grupo social e à cultura onde estão inseridas, influências do momento e, mesmo, com o modo particular como os dados são processados em sua mente, ou seja, como cada uma decodifica as informações que recebe.

Já vimos, aliás, nas páginas anteriores, o enorme poder das emoções sobre esse processamento das informações e como ele raramente se dá de forma isenta e imparcial.

Portanto, o *link* para suas próprias decisões e para os cenários que precisa analisar a fim de fazer escolhas em seus investimentos, a partir dos exemplos que darei, fica por sua conta.

O relato das situações a seguir serve para colocar em evidência questões que podem estar passando despercebidas por você, "levantar lebres" e, até mesmo, para ficar nas metáforas zoológicas, para deixá-lo com pulgas atrás da orelha.

E para que isso?

Para estimulá-lo a observar mais de perto, a deter-se em como você funciona e, com sorte, aprimorar seu processo de tomada de decisão.

Isto posto, aqui vamos nós. Com uma observação: os exemplos serão agrupados em categorias distintas, conforme sua natureza. São elas: *visão parcial, valor, risco, previsões, tempo, sentimentos, bolhas*. Sendo que tem uma outra que é um pouco de tudo também!

Sobre visão parcial

Para começar, o elefante

Particularmente, adoro elefantes – e morro de pena de vê-los explorados pelos seres humanos, aliás. Eles lamentam a morte dos companheiros e fazem quase rituais para... homenageá-los!!! Mas essa é outra história. O elefante, aqui, é o protagonista da conhecida metáfora: se houvesse um elefante numa sala escura, e diversas pessoas apalpando uma pequena parte dele, cada um teria uma percepção diferente do que se tratava e poderia facilmente imaginar que fossem bichos ou outros objetos completamente diferentes! Uma pata poderia parecer um tronco de árvore, uma presa seria um objeto de arte, a orelha, um pedaço de couro flexível e por aí vai.

Em geral, acreditamos que estamos vendo cenários completos à luz do dia. Mas será que estamos mesmo?

Analisar o mercado financeiro é o tipo da coisa que enguiça com a maior facilidade – a gente acaba olhando só um pedacinho da história, e sabe Deus o que cada um sai imaginando que seja a realidade...

Muito prazer, sou seu novo investimento

Falando assim, pode nem parecer que seja com você. Responda rápido: você aplicaria seu dinheiro em ações, fundos ou o que fosse, simplesmente por ter ouvido muito falar sobre eles?

Não, jamais!!

Pois é o que acontece com frequência. Costumamos nos sentir confortáveis em meio ao que conhecemos, ao que nos parece familiar, se comparado àquilo de que nunca ouvimos falar.

Se não fosse assim, por que todas as revistas de fofocas e celebridades fariam o sucesso que fazem? Quem se disporia a ler e comprar revistas só com fotos e histórias de anônimos?

É isso aí – a gente gosta de ficar entre o que tem a sensação de já conhecer, de alguma forma.

Agora, adivinhe se isso também não se reflete nos investimentos?

Bingo! As pessoas também preferem papéis de empresas de seu próprio país, ou sobre os quais já leram ou escutaram bastante e conhecem detalhes sobre quem administra – mesmo que nada disso tenha relação com o valor efetivo daqueles papéis.

> **LIÇÃO A LEVAR**
>
> Geografia não garante nada, ter ouvido e falar tampouco! Suas melhores chances de retorno podem estar, justamente, nas ilustres desconhecidas aplicações das quais, até este momento, você nunca ouviu falar. Como sempre, segue valendo a regra: analise com ponderação o investimento ou peça a alguém competente e confiável para fazer isso por você.

PARÂMETRO, PONTO DE REFERÊNCIA, LOGO DE CARTÃO DE CRÉDITO, CAFÉ QUENTINHO E LUXO – O PODER DAS ÂNCORAS

Quando menos esperamos, estamos diante de um registro qualquer – pode ser imagem, um número, uma lembrança –, que atua dentro da mente como um ponto de referência. Seguindo na inocência, sem nos darmos conta da atuação dessa poderosa "fita métrica" dentro de nós, procedemos, então, a avaliações e comparações, como se estivéssemos utilizando critérios precisos e rigorosos.

Que nada! É tudo fruto dessas operações que tomaram por base a tal *âncora*, como é denominado o ponto de referência ou parâmetro.

 Isso acontece porque nosso sistema perceptivo não está preparado para avaliar magnitudes absolutas, por isso recorre a aproximações a partir de algum ponto - a âncora. E o processo resultante é chamado *ancoragem*.[1]

Muito já se estudou a respeito de ancoragem. Veja alguns exemplos de pesquisas realizadas:

- A colocação do logotipo de um cartão de crédito ao lado da porta de entrada de uma sala onde é realizado um leilão pode fazer subir a média de lances, se comparado com os lances oferecidos em outra sala, com um grupo equivalente de pessoas, mas cuja porta não tenha sido colocado nenhum logotipo.

- Recrutadores tendem a admitir candidatos que, em algum momento do processo seletivo, lhes pedem para segurar um copo de café quente, e não aqueles que lhes dão um copo de refrigerante gelado. Aqui, deduz-se que o recrutador associe café quente a ambiente de trabalho e refrigerante gelado a situações de lazer, admitindo, então, o candidato que se enquadra em sua associação mais pertinente aos objetivos do processo seletivo, que é atuar no ambiente de trabalho.

- Em outra situação, depois de tomar café gelado, a pessoa tende a achar que os outros são mais egoístas, menos sociáveis e mais frios, do que quando toma café quente![2]

E tome mais esta também, que circulou em nossa lista de discussão sobre psicologia econômica: partindo da premissa de que o luxo está intrinsecamente vinculado ao conceito de autointeresse, a exposição a ele poderia ativar representações mentais que, por sua vez, afetariam a cognição e a tomada de decisão, pesquisadores[3] concluíram, após estudos experimentais, que estar exposto a produtos de luxo induz as pessoas a pensar mais em si mesmas do que nos outros. Ainda que não as torne necessariamente péssimas, leva-as a uma maior indiferença em relação aos demais. Portanto, quando o luxo se torna um tipo de âncora, marcando o indivíduo, ele fica mais propenso a tomar decisões de negócios que maximizem seus próprios lucros, mesmo que seja à custa de outras pessoas. A dupla de pesquisadores levanta a hipótese de que essa experiência de ancoragem no luxo ativaria uma norma social que avaliza o perseguir os próprios interesses, para além de um nível básico de conforto e independentemente do bem-estar alheio. Além disso, a exposição ao luxo poderia também aumentar diretamente o desejo individual das pessoas, levando-as a focar seus próprios benefícios, às expensas de suas responsabilidades sociais.

Não está convencido? Pois há estudos ainda mais refinados: usamos mais esse ajustamento por ancoragem quando o número fornecido é redondo, ou quando ele é quebrado, fracionado, denotando precisão? Janiszewski e Dan[4] fizeram leilões em situações experimentais e demonstraram que, ao começar com um valor arredondado, como $5 mil, as pessoas se afastavam mais dessa âncora para fazer suas estimativas para os próximos lances, do que se começassem com valores fracionados, como $4.988 ou $5.012. Nestes dois últimos casos, as avaliações posteriores se mantinham mais próximas às âncoras.

Levantaram, então, a seguinte hipótese: fazemos estimativas usando uma espécie de "fita métrica mental", cujas unidades de valor reproduzem o formato da âncora recebida inicialmente. Se for um número redondo, vamos nos afastando dela com "saltos", isto é, intervalos, redondos também – por exemplo, de $5 mil para $4.900 ou $4.500. Mas se o número for "quebrado", nossa unidade de avaliação fica menorzinha – frações ou centavos, do número original, o que, consequentemente, nos manteria mais próximos dele, já que teríamos que usar muitas unidades para realmente nos distanciarmos.

A hipótese foi testada – e confirmada – na realidade da negociação de imóveis. Quando o proprietário pedia $494.500, o comprador não tentava baixar tanto o preço, mas o fazia se o valor pedido fosse $500 mil!

Resumo da ópera: tudo é sempre relativo! Nossa mente não está preparada para avaliar magnitudes absolutas, por isso precisa de parâmetros contra os quais avaliar as alternativas. O "galho" é que nem sempre eles ficam claros para nós, e pior – podem ser absolutamente irrelevantes ao ponto em questão, como vimos nos exemplos acima.

A publicidade deita e rola com isso – nos faz ofertas faiscantes de "x" por tal produto, mas só um pouquinho mais se levarmos dois e assim vai. O inevitável apelo "E não é só isso!" daqueles canais caricaturais de televendas? É por aí mesmo. Depois de ver o preço inicial e fazer algum tipo de apreciação – ou não –, logo em seguida vem uma catarata de vantagens, mais itens adicionados, uma redução estrepitosa de preço, um bônus etc., e em instantes o preço inicial já está virando, aos nossos olhos incautos, uma gostosa pechincha...

Como observa Ariely,[5] nossas decisões não são tomadas com base em nossos valores fundamentais, como quer a economia tradicional, mas muito mais em função de uma espécie de *coerência arbitrária* com a qual nos sentiríamos mais confortáveis. Um belo exemplo, para quem é do meu tempo e leu as aventuras de Tom Sawyer (além do Monteiro Lobato inteiro, é óbvio!): lembra-se daquela passagem em que ele precisa caiar uma cerca e bola um estratagema brilhante para conseguir que os jovens amigos façam isso por ele? Achando que seria uma chatura, ele inverteu o jogo e começou a caiação como quem está no sétimo céu – até o ponto de chamar a atenção dos amigos que por ali passavam, despertando neles a curiosidade: será que caiar uma cerca era realmente o máximo de diversão? A pequena farsa deu resultado e, em pouco tempo, o astuto Tom estava *cobrando* de seus amigos o privilégio de caiar a cerca!

Essa situação chegou a ser reproduzida num experimento – com resultados idênticos! Os sujeitos foram divididos em dois grupos e, para um, a pergunta foi quanto pagariam para escutar poesia, ao passo que, para o outro, perguntou-se quanto teriam que ser remunerados para escutar poesia...

Pronto: isso ficou como as respectivas âncoras para cada grupo. E para manter a tal coerência arbitrária, que seria a sensação interna de seguir determinada linha de conduta ou pensamento – ainda que, para começo de conversa, ela seja aleatória ou arbitrária, sem guardar pertinência com coisa alguma –, os sujeitos do experimento mantiveram as âncoras iniciais e se comportaram de acordo com elas, topando pagar ou requerer pagamento por períodos mais longos e tudo o mais. Por isso, para Mark Twain, o autor de *Tom Sawyer*, "trabalho é o que o corpo é obrigado a fazer, e lazer é o que o corpo não é obrigado a fazer".

Ariely também afirma o seguinte: quando, entre três alternativas, se introduz uma claramente inferior a uma delas, mas superior à *alternativa chamariz*, esta, provavelmente, será escolhida. Na mesma linha, aliás, ele sugere que, quando sair para paquerar, deve-se ir na companhia de amigos mais feiosos, se quiser se destacar no local e ter sucesso na paquera...

Até aí tudo bem – mas agora a pergunta que não quer calar: você sabe quais foram as âncoras que utilizou para comprar e vender ações, imóveis e outros negócios, para escolher entre a rentabilidade deste ou daquele fundo, ou para preferir este produto àquele?

Difícil responder, é ou não é?

O NOME E A GRANA

Agora é oficial: não são os fundamentos de uma empresa, sua posição no mercado, nem o cenário econômico atual ou futuro, o que determina o valor de suas ações como investimento.

Adivinhe o que é: a real medida é quão fácil o nome da empresa pode ser pronunciado!

O estudo, sobre *fluência cognitiva*, foi feito por psicólogos, e saiu na Harvard Business Review.[6] Nele, fluência cognitiva é descrita como uma medida de quão fácil é pensar sobre algo. E aí que está: a gente prefere pensar sobre o que é fácil, e não sobre o que é difícil!

Vai daí que essa fluência dirige nossos pensamentos, com efeitos inopinados sobre diversas situações. Um desses casos são as ações de empresas cujos nomes são de pronúncia fácil, pois se verificou que elas tem desempenho significativamente melhor do que aquelas de empresas com nomes difíceis de pronunciar.

Outros estudos demonstram o poder dessa tal fluência: por exemplo, a maneira de apresentar uma afirmação – com tipos de letras mais claros, em rimas ou repetições simples – faz as pessoas considerá-la mais verdadeira, ou considerar seu autor mais inteligente, e aumenta sua confiança nos próprios julgamentos e habilidades. Outras manipulações do gênero podem tornar as pessoas mais propensas a perdoar e a encarar aventuras, e mais cândidas sobre suas limitações pessoais. Não é fofo?

Programas de televisão, anúncios, pregações religiosas – muita gente está por dentro dessas pegadinhas. Mas até investimentos, quem diria, não?

Mas é esse o ponto – a fluência cognitiva influencia qualquer situação que envolva dimensionamento e avaliação de dados, como atração, crença e suspeita, por exemplo.

De outro lado, isso traz implicações curiosas, como o fato de que se deveriam apresentar tópicos com menor clareza quando se deseja que as pessoas pensem mais a seu respeito. É a velha história do piloto automático – tudo que pega estrada batida na nossa mente corre mais fácil – mesmo que a estrada batida leve a becos sem saída, ou pior, precipícios!

Na verdade, é mais um exemplo de *atalho mental*, neste caso, com claro peso no processo evolutivo de adaptação. Num mundo repleto de estímulos disputando nossa atenção, movemo-nos com recursos mentais limitados, o que nos leva a tentar selecionar, tão rapidamente quanto possível, o que é prioridade e vale a pena pensar mais a respeito.

Assim, se parece fácil decifrar, deve ser porque já deparamos com aquele estímulo antes, e o processamos mentalmente, de modo que fluência cognitiva indica familiaridade. Nesse sentido, até mesmo a estranha experiência de *déjà vu*, quando temos praticamente certeza de que já vivemos aquilo antes, seria apenas mais um exemplo de sermos enganados pela inesperada facilidade de receber uma informação sensorial,[7] interpretando-a como uma lembrança de ter estado ali ou visto aquilo anteriormente.

No alvorecer da espécie, fazia sentido ter essa preferência instintiva pelo que parecia familiar, uma vez que tudo que era desconhecido, como animais (perigosos ou não?), plantas (comestíveis ou não?), ou outras pessoas (ameaçadoras ou não?), precisava ser suficientemente avaliado para ser considerado amigo ou inimigo. Quem parecia familiar não demandava mais tempo ou energia para ser reavaliado – ou seja, valia a economia de recursos.

De acordo com um psicólogo Robert Zajonc, citado pelos pesquisadores, a lógica evolucionária que ampara esse comportamento seria alguma coisa na linha de "se parece familiar, é porque ainda não te comeu..." E essa lógica gera, por sua vez, um viés na direção da familiaridade, que tem como uma de suas decorrências nos impelir para aquilo que parece conhecido: o familiar exerce uma atração, em especial quando contrastado com o não familiar.

> Na hora de investir, acontece a mesma coisa: dá mais vontade de pôr dinheiro naquelas ações que "soam" familiares para nós, e até deixamos de avaliar outros quesitos, certamente mais relevantes, para julgar as probabilidades de bom ou mau retorno.

O mesmo Zajonc, já na década de 1960, fez experimentos em que apresentava estímulos sem significado imediato às pessoas, como padrões geométricos, palavras sem sentido e ideogramas ininteligíveis, e as levava a "gostar" mais de umas do que de outras pela mera repetição de sua apresentação.

O problema disso tudo reside no fato de que não nos damos conta de que são esses os mecanismos em ação – e lá vamos nós, mais uma vez, desfiar o rol de justificativas furadéééééésimas, para tentar recobrir com um verniz bem sem-vergonha o automatismo de alguns de nossos processos mentais.

Já a falta de fluência e familiaridade faz soar uma espécie de alarme cognitivo, que induz a pensar, ao mesmo tempo em que dispara um sentimento de risco e preocupação. Olha aí como nossa avaliação de risco pode ser (mal) influenciada!

Sobre valor

PRECIFICAÇÃO, VALOR E CONTAS MENTAIS

Esse assunto foi introduzido, em especial, pelo economista comportamental Richard Thaler.[8] Como é que essa história de atribuir valor às coisas, saber quanto vale, relacionar-se com o dinheiro sob diferentes formas, entre outras coisas, funciona para você?

Exemplinho básico: num dia, você coloca uma nota de cem reais na carteira; em outro, coloca dez notas de dez reais – em qual das situações os mesmos cem reais duram mais?

"Quebrar" a nota de cem reais dá pena, não é? Parece que a gente hesita mais em começar a gastá-la e, por isso, em geral ela fica intacta na carteira mais tempo. Já as notas de dez reais parecem mais "ordinárias", comuns, a gente fica com menos pena de usar, compra uma revista aqui, toma um sorvete ali e, quando viu, os cem reais voaram!

Pois é, se fazemos isso com o dinheiro vivo, o que dirá com bens menos tangíveis ainda, como nossas aplicações, ações na Bolsa e tudo mais?

Não é muito diferente, não. Podemos sentir apego – ou aversão – a determinados papéis. E isso não tem nada a ver com análises racionais de seu valor.

Vejam essa:[9] você faz um escambo – troca, com o proprietário de um café, um fogão que não usa mais por cupons que lhe dão direito a frequentar aquele estabelecimento. Como não teve dinheiro vivo na jogada, a questão do valor fica ainda mais etérea. E você se sente magnânimo levando amigos e "pagando" a conta de todos com os cupons.

Parece normal?

Agora, a pergunta: e se, no lugar dos cupons, você tivesse recebido dinheiro mesmo? Também seria igualmente generoso, levando a galera toda para tomar café à sua custa a toda hora?

E do lado dos amigos que tiveram suas despesas pagas: faz diferença saber que o amigo simpático usou cupons, dinheiro em espécie, cartão de débito ou de crédito para fazer aquilo?

Além disso, se você recebe um dinheiro inesperado – bônus, prêmio, herança ou o que for – faz o quê com ele? A maior parte das pessoas gasta despreocupadamente. "Já que eu não estava contando com ele, agora vou curtir!" Mas o que é curioso é que pode fazer isso mesmo que esteja precisando de dinheiro para saldar dívidas, dar entrada num negócio ou fazer algum investimento.

É como se o dinheiro viesse com carimbo, e regras próprias quanto à sua finalidade a partir de sua denominação:

> *Dinheiro inesperado – eu gasto*
> *Dinheiro da poupança – não mexo em hipótese alguma*
> *Dinheiro de ganhos futuros – vale mais do eu imagino*

É como se cada "tipo" de dinheiro estivesse numa caixinha estanque, o que nos leva a fazer coisas absurdas para quem olha de fora, como financiar uma viagem, pagando 12% de juros ao mês, mas não tocar na aplicação que rende menos de 1%...

Aliás, você sabia que o modo como efetua pagamentos também muda sua representação subjetiva do dinheiro implicado?

É assim: se usa dinheiro vivo, tende a ficar mais cuidadoso, até "pão duro"... Mas quanto mais se afasta do dinheiro concreto, menos nossa mente enxerga isso como sendo dinheiro de verdade – daí que é mais fácil gastar usando cartão de crédito ou cheque, por exemplo. Nas palavras de pesquisadores que verificaram isso, "Os estudos sugerem que formas menos transparentes de pagamento tendem a ser tratadas como dinheiro de brincadeira e são, portanto, mais facilmente usadas".[10] Daí que pode ser importante, na hora em que você estiver operando e, em especial, se recorrer ao computador para fazer isso, lembrar-se de que é dinheiro de verdade que você está transacionando! Não é *Banco Imobiliário*, não...

Naturalmente, à medida que nos afastamos cada vez mais do uso do dinheiro vivo – e essa parece ser uma tendência irreversível no momento –, será necessário repetir estudos dessa

---

LIÇÃO A LEVAR

A atribuição de valor é muito subjetiva! Transações monetárias podem ser vagas, inconsistentes, confusas e ter múltiplas representações.

Pequenas variações na denominação, alocação ou organização dos valores pode mudar nossa atitude em relação a eles e causar impacto sobre nossas escolhas.

O tempo decorrido entre a aquisição e o uso é um desses fatores – quanto mais tempo passar, menos me lembro – e sofro... – com quanto paguei por determinado produto.

Idem para a *história* da compra, ou seja, como foi o processo – se foi na bacia das almas, fica como que registrado em nossa mente de um determinado jeito, se foi difícil e envolveu competição e luta, de outro, e assim por diante. Daí, na hora de precificar, esses elementos pesam em nossa avaliação, sem que nos demos conta disso...

Por fim, o estado de espírito, que diz respeito à emoção predominante no momento, tem influência direta sobre nossas escolhas. É por essa razão que elas dificilmente são lá muito consistentes ao longo do tempo...

natureza com a nova geração, que quase não mexerá com dinheiro sob a forma de cédulas e moedas. Mas isso fica para daqui uns poucos anos...

E tem também a questão de herança – tende-se a manter, aplicados da forma como foram recebidos, os bens herdados – o que vale para o que for: imóveis, ações ou outros investimentos.

De todo modo, todos estes são exemplos de contabilidade mental – e somos todos sujeitos a ela, por mais maluca que possa parecer!

Efeito posse (*endowment effect*)

O mesmíssimo objeto, se estiver na mão de outra pessoa, a gente desdenha e acha que não vale tudo aquilo. Mas bastou nos apropriarmos dele para, subitamente, ele ganhar novos atributos aos nossos olhos. Estranha a vida, não?

Tem a ver, se quisermos recuar bastante nas origens da nossa vida psíquica, com o nosso próprio impulso para sobreviver, que está também associado ao *narcisismo*.[11]

O negócio é tão poderoso que já se descobriu que, simplesmente tocando um objeto, você já se sente meio "dono" dele, e essa experiência aumenta a probabilidade de você tentar adquiri-lo.[12] E não é só isso! Se ficar imaginando demais o produto, mesmo sem tocar nele, o efeito é semelhante – já parece que ele é seu. Não à toa, vendedores insistem conosco para que experimentemos os produtos ou, no mínimo, que entremos na loja para ver melhor e, se der, vão expor aquilo que estamos só começando a cobiçar. Depois de ver de perto, tocar ou testar, vai ficar mais difícil resistir...

Ou aquela desconfiança que nos acomete quando estamos vendendo alguma coisa e aparece um comprador: "Será que pedi pouco demais?" "Vendo agora ou seria melhor esperar uma oferta melhor?" Tudo *efeito posse*!

Será que com investimentos é diferente? O papel está caindo, você sabe que deveria se desfazer dele, mas quem disse que você consegue largar? Que nada, fica lá, agarrado a ele e acumulando prejuízos.

Ou, à medida que você começa a pensar em determinada aplicação, falar sobre ela com as pessoas, imaginar a rentabilidade, ler a respeito e tudo o mais, você já passa a considerar de outra forma efetivar a transação? O problema é que todas essas medidas são importantes, em geral – obter informações, ponderar a respeito etc. – o "pulo do gato", portanto, seria procurar dar o devido desconto a essas influências "espúrias", poderíamos chamar, já que penetram em nossa mente de forma insidiosa, sem que tenhamos clara noção disso. Um indicador razoável é procurar detectar se você está ficando meio obcecado com aquela ideia, por exemplo, se ela grudou feito chiclete na sua cabeça. Nesse caso, é bom rever toda a sua análise, para descobrir se realmente é um bom negócio.

Ariely[13] oferece algumas pistas sobre a dinâmica mental envolvida no efeito posse: nós nos ligamos instantaneamente a tudo que temos, nos apaixonamos por aquilo que possuímos; na hora de vender, vem as boas memórias e o foco recai sobre o que podemos perder (e não no que podemos ganhar) com aquela transação – e como a aversão à perda é uma emoção forte, ela pode induzir a decisões infelizes. Além disso, supomos que as outras pessoas enxerguem a transação da mesma perspectiva que nós, esperando, portanto, que o comprador compartilhe as mesmas emoções, sentimentos e lembranças ou que aprecie os mesmos detalhes que nós.

Efeito posse também está ligado aos seguintes aspectos:

- quanto mais tempo, esforço e trabalho se põe em alguma coisa, maior o sentimento de posse sobre ela e, inversamente, quanto mais fácil, menor o apego;
- o sentimento de posse pode ter início mesmo antes de chegar a possuir o objeto, constituindo uma espécie de "posse parcial" – isso pode ser perigoso, porque ao cobiçar durante algum tempo um produto a pessoa já se sente dona dele, com todas as decorrências que estamos vendo desse sentimento;
- a posse também pode ser *virtual*, isto é, ao ver ou saber de alguém que tem, digamos, um certo tipo de investimento, passa-se a imaginar que está no lugar daquela pessoa e, logo mais, será quase impossível deixar de ter também – isso costuma parecer naquelas promoções para "experimentar um

produto por um mês, sem compromisso", pois uma vez de posse dele, será muito mais difícil abrir mão depois, mesmo que não traga a satisfação esperada, por exemplo;

- ele se estende igualmente ao que não é material, como pontos de vista, opiniões etc. – depois de se apropriar de uma ideia, sobre política, esporte, investimento ou o que for, a pessoa se apega a ela e pode valorizar aquilo acima do que realmente vale, podendo não querer mais ficar sem ela, quando então se torna uma ideologia, rígida e inflexível – e sem que a pessoa se dê conta disso...

PITADA DE NEUROCIÊNCIA

Alguns pesquisadores foram verificar as áreas cerebrais que poderiam estar envolvidas nesse sentimento.[14] Os sujeitos foram submetidos a ressonância magnética durante tarefas que envolviam o efeito posse, como comprar e vender produtos, e escolher entre levar outros produtos ou dinheiro em espécie. O foco recaiu sobre o núcleo accumbens, que está associado à previsão de ganhos monetários e à preferência de produtos, a ínsula, associada à previsão de perda monetária, e o córtex pré-frontal mesial, associado à atualização inicial de previsões de ganho monetário.

Os sujeitos apresentaram maior ativação do núcleo *accumbens* para produtos preferidos em condições de compra e venda combinada. Mas a ativação do córtex pré-frontal mesial correlacionou negativamente com o preço durante a compra, e positivamente, durante a venda. Já a ativação insular direita em resposta aos produtos preferidos pode prever diferenças individuais na suscetibilidade ao efeito posse.

Juntando tudo: o efeito posse não seria promovido por uma atração aumentada pelas possessões, mas é a posse que aumenta o seu valor, ao destacar a saliência da possível perda dos produtos preferidos. Conclusão de um dos autores do estudo: "nossas descobertas oferecem evidências para [a existência] de um mecanismo envolvendo aversão à perda de possessões aumentada durante a venda e ilustram que os métodos da neurociência podem avançar a teoria econômica não apenas desmembrando fenômenos aparentemente unitários, como a escolha, em seus componentes constituintes, tais como antecipação de ganhos e perdas, mas também especificando quando cada um desses componentes influencia o processo".[15]

Agora, passe as decisões sobre seus investimentos por este crivo, este conjunto de ideias, e veja se você não está apegado de maneira infundada a determinados papéis ou produtos, repense sobre seus motivos para retê-los, as fantasias em torno de sua posse e se, de fato, vale a pena seguir com eles.

EFEITO POSSE E EMOÇÕES NEGATIVAS

Depois que se separou do marido – e sofreu horrores –, ela ficou ansiosa para se desfazer dos objetos que adornavam o apartamento que haviam dividido. Entre outras coisas, lá se foi o tapete marroquino maravilhoso que comprara naquela viagem que fez com o ex, quando viviam o auge da paixão. Ela simplesmente o deu de presente a uma vizinha, da qual nem gostava tanto assim, só porque naquele dia estava se sentindo mal e não aguentava mais olhar para o tapete e ser assombrada pelos dias felizes que se foram.

Alguns anos mais tarde, quando se lembrou dessa história – e do lindo tapete que se fora – quanto arrependimento... Desfazer-se dele foi um impulso de momento, quando se sentia em plena tristeza profunda. Agora, pensando no tapete, jamais cogitaria dá-lo a quem quer que fosse!

Nesse caso, o que aconteceu com o *efeito posse*? Pois é, avançando no estudo desse fenômeno, alguns pesquisadores[16] foram verificar de que modo determinadas emoções negativas – tristeza e repulsa (*disgust*) – influiriam sobre ele. Dividiram os sujeitos em três grupos, conforme o tipo de vídeo que assistiriam: um, para provocar tristeza, outro, repulsa, e o último, de tom emocionalmente neutro.[17] Cada participante ficou num cubículo individual, para evitar o contágio afetivo nos grupos e, em seguida, assumiu o papel ou de comprador ou de vendedor, em contextos de negociação de canetas que os vendedores recebiam.

Ao longo de 28 rodadas, podiam vendê-las ou não, por preços entre 50 centavos e 14 dólares, sendo que podiam aumentar na base de 50 centavos por vez. Já os compradores podiam escolher se queriam comprar as canetas, por aqueles valores, ou receber o dinheiro equivalente. Nas duas condições, portanto, havia a mesma opção: receber dinheiro ou não. E o que foi observado ao final?

1. situações anteriores irrelevantes podem gerar emoções com poder suficiente para impactar decisões econômicas no presente;

2. emoções negativas, como tristeza e repulsa, podem influenciar de modos diversos essas decisões, conforme foi verificado:

   – No caso da tristeza, o vendedor aceitava reduzir o valor do que estava vendendo (queria se livrar dele a qualquer custo), anulando, portanto, o efeito posse; e se estivesse na posição de comprador, topava pagar mais pelo objeto (desejava ter o que não tinha ainda), apontando para o fato de que, neste estado, se busca uma mudança de humor pelo preço que for, como se a tristeza fosse tão insuportável que pressionasse o indivíduo a fazer qualquer negócio para se livrar dela, seja baixando o preço quando vende, seja valorizando mais o que é do outro quando compra – com a ilusão de que essas transações podem alterar de fato esse quadro.

   – Já na repulsa, os indivíduos também toparam baixar o preço quando estavam na posição de vendedores, como aconteceu com a tristeza; porém, não se dispunham a comprar nada, fosse pelo preço que fosse, nem mesmo por uma pechincha! Aqui, o sentimento era de estar "empapuçado", a fim só de se livrar de tudo, como num estado de náusea, em que se imagina que o alívio será possível apenas quando se puser tudo para fora. Dessa forma, com *disgust*, ninguém queria comprar nada, e aceitava vender por qualquer valor, também anulando o efeito posse.

> **VALE LEMBRAR**
>
> As emoções podem persistir muito além da situação que as despertou, afetando comportamentos e cognição subsequentes. Vale a pena ficar sintonizado com seu estado de espírito quando for negociar, para evitar aquela "cara de tacho" que a gente fica depois que faz coisas sem entender patavina a razão para ter feito...

Apenas na condição de neutralidade o efeito posse foi mantido, do modo como é conhecido, conforme descrito acima.

DE GRAÇA, ATÉ INJEÇÃO NA TESTA?

Estes dados, reunidos por Ariely[18] num capítulo descaradamente intitulado "Por que frequentemente pagamos demais quando não pagamos nada", dão uma boa amostra de como somos capazes de entortar nossas costas até que elas possam arcar com o peso de justificativas bem malucas... Neste caso, em nome do mítico e irresistível "custo zero", que o autor considera uma espécie de botão emocional quente, uma fonte de excitação exagerada e irracional.

Como assim??

A gente se propõe a fazer bons negócios, ótimos investimentos etc., e tantas vezes acaba com aquele gosto de cabo de guarda-chuva na boca, com a sensação de que foi tapeado e, pior, por si mesmo... Só pelo prazer barato de ter alguma coisa de graça, acaba perdendo o foco e acumulando bobagens, desprezando outros custos, trocando qualidade por tolice, boas oportunidades pelo gostinho rasteiro de levar vantagem. Admitir que faz isso ninguém gosta – mas para você mesmo, diga lá: soou ou não familiar?

Para tentar identificar em quais ciladas *você* cai, veja os exemplos a seguir. Será que você se reconhece em algum deles?

Situação 1

Montaram uma banquinha oferecendo dois tipos de chocolate – um de qualidade superior (*Lindt*, meu favorito, aliás...) e um popular (*Hershey's*) –, e colocaram um cartaz informando: "um chocolate por pessoa". Puseram preços bem inferiores aos de mercado: *Lindt* por 15 centavos, e *Hershey's* por 1 centavo; nesta situação, a maioria das pessoas (73%) escolheu o mais caro; mas foi depois que a porca torceu o rabo... – quando baixaram 1 centavo de cada, ficando o *Lindt* por 14 centavos, e o *Hershey's* de graça, agora a maioria (69%) preferiu o simplório *Hershey's*, que era grátis!!

Situação 2

Essa é corriqueira: você vai comprar um par de meias de puro algodão, bacana, e que não custa pouco. Na loja, vê a oferta de dois pares de meias sintéticas pelo preço de um; muitas vezes, isso é o suficiente para se esquecer do propósito de comprar a meia de boa qualidade e levar a outra, que não vai durar nem proporcionar o mesmo conforto, só porque... é de graça! Isso também acontece quando se compra o que nem sequer se pretendia comprar, só para levar algum brinde. Triste reconhecer, não?

O autor dá as seguintes explicações: embora as transações sempre tenham um lado bom e um ruim, basta envolver algo "de graça" para dar a impressão de que não existe lado ruim. Isso tem uma carga emocional tão poderosa que a percepção é de que está sendo oferecida uma coisa muitíssimo mais valiosa do que de fato é o caso. Por fim, a atração pelo grátis se daria em função do medo intrínseco que se tem da perda – quando se escolhe o que é grátis, não há, aparentemente, possibilidade de perda à vista, ao passo que, quando se escolhe o que não é grátis, surge o risco de achar que pode não ter sido uma boa escolha...

Agora verifique se estes cenários psíquicos têm estado presentes em suas transações quando investe. Pretendia fazer determinada aplicação – mas quando foi concretizá-la ficou tentado a mudar porque uma outra parecia embutir algum tipo de custo zero (seja da taxa, do imposto, da possibilidade de levar mais pelo mesmo valor etc.) – e então mudou de ideia sem levar outros pontos em consideração, só pelo gostinho de levar vantagem.

CUSTO-ZERO – QUANDO O MITO SE TORNA REALIDADE (PSÍQUICA, PELO MENOS...)

Quando psicólogos e economistas se juntam, já dá para esperar que aí vem samba... Não deu outra com a pesquisa que o psicólogo Shafir e o economista Thaler fizeram,[19] para iluminar novas vertentes da questão das contas mentais, que já vimos. Dessa vez, enfocaram o que pode acontecer com o valor que "sentimos" ter pago, passados alguns anos daquela transação. Portanto, o assunto interessa diretamente a você, que colocou seu dinheiro em aplicações algum tempo atrás – já parou para pensar sobre sua relação com esses investimentos agora? Porque isso terá implicações pesadas quando você pensar em mudar sua posição.

À *pesquisa, então:*

Os pesquisadores reuniram um grupo de investidores do ramo de bons vinhos, que costumam adquirir safras "adiantadas" no mercado futuro, comprando, por exemplo, caixas de vinhos a 20 dólares a garrafa, e que, depois de alguns anos, atingiria o preço de 75 dólares, e lhes perguntaram como se sentiriam:

- tomando o vinho;
- dando-o de presente a um amigo;
- caso a garrafa se quebrasse sem querer.

Para os dois primeiros casos (saborear ou presentear o vinho), as pessoas responderam coisas como:

- "Dá a impressão de que a garrafa me saiu de graça, já que paguei por ela há tanto tempo."
- "Parece que me custou só 20 dólares, que é o que me lembro de ter pago."
- 'Talvez como se custasse 20 dólares, mais os juros sobre esse valor." (Provavelmente, resposta de um contador...)
- "Sinto como se custasse 75 dólares, que é o valor que eu teria de desembolsar agora para comprá-la."
- "A sensação é de estar economizando 55 dólares, porque estou tomando ou dando de presente uma garrafa de 75 dólares que, na verdade, me custou 20."

Para alguns, portanto, foi custo zero!

Isso não é raro de se observar no cotidiano. Quando já pagamos por uma despesa obrigatória, como o jantar de gala do congresso de psicologia econômica, a "dor" com aquele gasto quase some na hora, e podemos apreciar devidamente as deliciosas lagostas de Halifax, por exemplo. Esse prazer, porém, poderia ficar esmaecido para aqueles que, ao fim do belo jantar, tivessem que desembolsar 50 dólares canadenses – e olhem que ainda assim teria sido um ótimo negócio, por algumas das melhores lagostas do mundo![20]

Também conheço alguém que, para ficar em paz com a consciência e com o bolso, costuma efetuar o seguinte "cálculo": se for uma despesa alta, porém eventual, daquelas que se faz uma vez na vida e outra na morte, mesmo que extravagante, ele justifica dizendo: "Quantos anos eu tenho? Cinquenta? Então divida esse valor por 50, porque é tão raro eu gastar com isso, que, no fim, dá custo zero!".

Por isso, em nossa realidade psíquica, existe essa noção – na verdade, mais próxima de um *sentimento* – de que algumas coisas pelas quais pagamos não custaram nada!

E justamente por ser volátil, isto é, bem distante de qualquer número objetivo, esta percepção de valor pode sofrer uma metamorfose inversa também – agora é a *ressurreição do valor*, como Shafir e Thaler encontraram nas respostas à última pergunta: quanto sente que custou o vinho se ele quebrar? É isso aí: se a ênfase recai sobre a perda, o valor sentido é o *atual*, porque fica saliente para a pessoa quanto ela teria que desembolsar para comprar outra garrafa.

Então, no fim das contas, quanto vale a garrafa? Como tanta coisa na vida, depende... Do momento em que se pensa nisso, de toda a sequência de fatos e sentimentos que o levou até aquela escolha final, da expectativa que se teceu em torno do assunto e por aí vai. Por exemplo, se o produto adquirido em promoção não for consumido da forma esperada, dentro de nós é como se ele readquirisse o preço original, da mesma forma que, depois de comprar um objeto e descobrir que não vai usá-lo, fica mais difícil doá-lo se você tiver pago pelo valor cheio, do que se tiver comprado na liquidação...

APEGO PODE SER UMA COISA MUITO LOUCA...

Ao contrário do que afirma um dos pilares da Economia tradicional – quanto mais opções tiver, melhor será para o agente econômico –, sabemos que grandes quantidades de alternativas nem sempre garantem sucesso em nossas escolhas, já que podemos nos "embananar" com a profusão de informações e acabar cometendo equívocos.

Thaler, por exemplo, conta como observava seus colegas de departamento, outros economistas, portanto, se comportarem quando os recebia para um aperitivo em casa, acompanhado de castanhas e, a certa altura, eles lhe imploravam que tirasse o pratinho de castanhas de perto, porque não conseguiam parar de comer! Para ele, ali estava uma prova viva da incorreção das teorias da economia *mainstream*...[21] Não, ter mais opções não nos deixa mais satisfeitos do que ter menos.

No entanto, é ainda mais curioso observar que, apesar de não nos "fazer bem", por assim dizer, demonstramos grande apego a essas alternativas, chegando mesmo a nos recusar a abrir mão delas – mesmo que isso custe dinheiro!

Por exemplo, por que investimos dinheiro em eletrônicos com um número incalculável de funções – e pagamos por isso – se jamais chegaremos a usar sequer uma fração delas? Por que escolhemos um *resort* caro, cheio de ofertas *all-inclusive*, quando tudo que faremos nas férias será cochilar embaixo do guarda-sol entre mergulhos refrescantes no mar? Mesmo assim, pagamos pelas opções de arco e flecha, *kitesurf* e, se bobear, até patinação no gelo, numa pista especialmente adaptada para o clima do ensolarado nordeste brasileiro! E pagamos a conta do investimento do hotel, é óbvio.

Pois é, parece que temos o viés do "mais é mais"... Por isso, Ariely montou um experimento para verificar se há casos quando a quantidade de opções disponíveis pode atrapalhar e por que, apesar disso, nós as manteríamos: era um jogo de computador, no qual os sujeitos tinham direito a um número limitado de cliques sobre imagens de portas, que "pagavam" quantias variáveis por clique; porém, com uma pegadinha – se uma porta não recebesse cliques durante algum tempo, sua imagem ia diminuindo, até desaparecer da tela.

O mais indicado era descobrir rapidamente as portas que pagavam melhor e clicar nelas o maior número de vezes possível, a fim de obter o maior retorno permitido, isto é, receber tanto dinheiro quanto possível no jogo. Mas a condição humana nunca cessa de nos surpreender – e aqui não foi diferente. Os sujeitos não queriam que as portinhas sumissem, então clicavam freneticamente sobre elas! Não é fofo? Eles tinham se apegado às imagens de portinhas na tela do computador... E depois a galera estranha quando a gente fala sobre psicanálise e os recônditos mais profundos da mente humana!

Se somos capazes de gastar cliques – e, com isso, reduzir nossos ganhos potenciais em até 15% com essa estratégia maluca – só para não ver as portinhas desaparecerem do computador, vai saber do que mais somos capazes... Ariely ainda piorou um pouco a coisa: fez o pessoal pagar pelos cliques, em outra versão do jogo, mas mesmo assim a estratégia se mantinha, impávida e colosso! E em outro formato também: agora as portas podiam ser reativadas a qualquer momento, com um simples clique e sem custo algum, caso tivessem desaparecido; mas que nada!, seguiam desperdiçando cliques sobre elas, só para evitar o desgosto – huh?? – de vê-las partir.

Foi esta a hipótese que levantaram: as pessoas ficavam clicando, e perdendo dinheiro com isso, apenas para evitar a dor imediata de ver uma porta se fechar. Mesmo que não fosse para sempre, como ficou claro na última versão utilizada. Para evitar essa experiência de perda, e a dor assim provocada, preferiam qualquer outra saída. Esdrúxulo pra caramba, ou não?

Ou será que você também já fez alguma coisa desse tipo com seus investimentos, não querendo abrir mão do que deveria mais do que desaparecer e pagando caro por isso? Fora que, ao dedicar atenção ao que não está trazendo retorno, deixamos de concentrar no que pode dar mais lucro, já que nossa atenção, tempo e esforços são finitos, lembra-se?

Pelo lado da psicanálise, podemos ainda acrescentar outro elemento a este fenômeno: a voracidade, ou *greed*, que é o sentimento de ser uma espécie de "saco sem fundo", que nunca pode ser saciado, nem sequer momentaneamente. Trata-se de um estado de profunda angústia, desconforto e privação, pautado pela ansiedade de sempre buscar mais, sem jamais sossegar e satisfazer-se. Em resumo, destrutivo até dizer chega...

Sobre risco

Daniel Kahneman foi categórico quando esteve no Brasil em 2009: afirmou com todas as letras que corremos riscos porque... não nos damos conta de que se trata de riscos! De onde podemos depreender que, soubéramos que são riscos, e nem chegaríamos perto deles, certo?

As velhas fórmulas – aversão a risco ou apetite por ele, aceita-se correr mais riscos em nome de busca por maior rentabilidade etc. – não dariam conta, então, de explicar a situação toda. Antes de mais nada, alguns pontos precisam ficar claros: a única coisa a que SEMPRE temos aversão é a perder. Como eu sempre brinco, exceto a perder *peso*...

Mas, em relação a tudo o mais – dinheiro, tempo, poder, prestígio, relações afetivas, juventude, saúde, dentes e o que mais se pensar –, sempre detestamos essa perspectiva. Não gostamos de perder e, o que é mais importante, topamos fazer quase qualquer negócio para evitar isso.

E é aí que mora o perigo. Na ânsia de evitar uma perda, ficamos meio fora do eixo e aceitamos correr riscos que, em outras situações evitaríamos como o diabo a cruz. Nessa hora, é bem possível mesmo que o quadro todo esteja sendo representado em nossa mente com muitos sinais trocados: estamos segurando estes papéis que estão se desvalorizando rapidamente porque temos a certeza de que vai virar, e aí recuperaremos tudo que perderíamos se realizássemos agora – isso para não falar do gostinho especial de poder esfregar na cara de todo mundo que nós é que estávamos certos o tempo todo! Ah, isso não tem preço...

Só que vamos segurando até o ponto, muitas vezes, em que a ação perdeu tanto valor que de repente não dá mais para segurar a angústia e daí vendemos. Naturalmente, perdendo muito mais do que se tivéssemos vendido lá atrás. Ou, então, se deixássemos lá de uma vez, se decidíssemos não nos desfazer deles, apostando no longo prazo, até o próximo ciclo, que pode levar anos.

Mas não:

É a aversão à perda – e não ao risco – que nos faz correr o risco de perder mais do que seria necessário.

Isso vale também para o caso que já vimos (p.67), quando hesitamos em fechar um negócio – assim que o comprador potencial se aproxima do valor que estamos pedindo, vem a sensação "será que eu não estou fazendo papel de bobo aqui??", e recuamos, em busca de um preço mais elevado para fechar o negócio. Aqui, juntou com o "efeito posse", que é o sentimento que experimentamos de que nossas coisas valem mais do que as dos outros – só porque são nossas!

PITADA DE HISTÓRIA

Foi o prof. Alexandre Assaf Neto, referência na área de matemática financeira e finanças no Brasil, quem me contou, e eu confesso que não tinha parado para pensar nisso antes! É o seguinte: segundo ele, o estudo sistemático – e matemático – de risco não integrou sempre o cardápio dos estudos sobre finanças. Antes, limitava-se a calcular o desvio-padrão, ao passo que esse estudo aprofundado sobre risco seria uma novidade dos anos 1960-1970, com o advento dos computadores modernos, que passaram a permitir cálculos mais precisos e sofisticados nessa área. E possivelmente fruto também de outra visão de mundo: quando o futuro não mais a Deus pertence, até porque sua própria existência – a de Deus – torna-se passível de discussão, então passa a caber um olhar mais atento e minucioso à questão do risco. Pronto. Temos aí o cenário para o *boom* de estudos de risco, conforme constatamos hoje. É instigante pensar que as coisas – e nosso interesse por elas também – não são perenes e imutáveis, não?

De todo modo, porém, também é bom lembrar que algumas pessoas evitam riscos mais consistentemente do que outras. Nesse caso, é melhor para a saúde nem chegar perto de esportes radicais, como os investimentos muito voláteis, não é? Já outras adoram a adrenalina da montanha-russa, a sensação de saltar de paraquedas, desbravar territórios etc., e sentem-se confortáveis com operações equivalentes também no mercado financeiro, aguentando melhor o tranco dos solavancos, que são meio inevitáveis nesse *habitat*. Fazer o quê? Não somos todos iguais...

O que não vale é tentar embarcar na onda do amigo quando ela é um número maior, ou menor, do que o seu. Provavelmente, vai dar mais certo se você refinar seu próprio estilo, seja ele qual for, mas onde você vai surfar com maior desenvoltura. Aliás, é como tudo na vida, não?

PITADA DE NEUROCIÊNCIA

Pesquisadores têm andado atrás de descobrir quais atividades neurológicas estariam associadas a arriscar-se ou não. Uma pequena descoberta até o momento:

- a ativação do *núcleo accumbens* (uma região do cérebro) precede tanto escolhas que envolvem risco, como erros que envolvem busca de risco;

- a ativação da insula, outra estrutura cerebral, precede escolhas desprovidas de risco (se é que isso existe...) e erros caracterizados por aversão a risco.

Conclusão: circuitos neurais distintos ligados a afetos antecipatórios promovem diferentes tipos de escolhas financeiras, e indicam que a ativação excessiva desses circuitos pode induzir a erros na hora de investir. Em outras palavras, mecanismos neurais antecipatórios deveriam ser levados em consideração para modelos de tomada de decisão.[22]

Slovic[23] também chama a atenção para a seguinte relação entre risco e benefício: atividades que trazem grande benefício podem ter ou não risco envolvido; mas se as atividades trazem pouco benefício, é improvável que envolvam alto risco. Esta é, portanto, outra chave para examinar seus investimentos: você pode olhar a quantidade de benefícios implicados e, então, avaliar o risco que está correndo, assim como pode fazer o caminho inverso – talvez esteja aplicando sem risco porque também não obtém grandes benefícios –, lembrando-se de que esta análise não deve ser pautada apenas por aquilo que você *pensa* sobre essas situações, mas também sobre o que *sente* a respeito delas, já que a heurística afetiva[24] está sempre em ação.

Outro estudo citado por Slovic (Ganzach, 2001) manipulou a questão da familiaridade, expondo os meandros da análise de risco, que se mostrou menos lógica do que se poderia supor – ou desejar. Nesse estudo, analistas avaliavam risco e retorno de ações com as quais não estavam familiarizados; nesta condição, quando as ações eram percebidas como sendo "boas", a avaliação foi de retorno alto e risco baixo, e quando percebidas como "más", invertia-se a relação, avaliando-as com baixo retorno e alto risco. No entanto, diante de ações que lhes eram familiares, a relação risco-retorno exibia correlação positiva, em vez de ser guiada pela atitude global da primeira condição. Em outras palavras, há mais coisas em jogo na avaliação do risco do que sonha nossa vã filosofia...

Em outro estudo, ainda,[25] pesquisadores verificaram que risco e benefício podem estar inversamente relacionados na mente das pessoas, pois constatou-se que um sentimento afetivo era indicado quando o risco ou o benefício de algum evento indesejável específico estava sendo avaliado.

Se as pessoas gostavam da atividade, tendiam a julgar seus riscos como sendo baixos, e seus benefícios como sendo altos, ao passo que, se não gostassem da atividade, o julgamento era oposto – risco alto e benefício baixo. Em outras palavras, o afeto vem antes, e direciona julgamentos de risco e benefício. É o popular "puxar a sardinha para a nossa brasa", aplicado a situações internas, quando nos vemos condicionados a agradar certas instâncias de nossa mente em detrimento de outras.

O problema? Acreditar no oposto: "Percorri um rigoroso caminho de análises objetivas e lógicas, e por isso cheguei a tal conclusão sobre o benefício ou o risco de determinado investimento". Na verdade, a coisa pode ter ocorrido de maneira bem mais bisonha – fui com a cara, pronto, fechei, e só depois fui catar justificativas bonitinhas, para dar um ar de maior seriedade à minha escolha.

As moças na fita

Identifica-se um fenômeno curioso no ramo dos investimentos envolvendo as mulheres: como naquele velho comercial de desodorante, poderíamos dizer que, cheirando igual aos homens, não sei, mas investindo como eles, parece que as moças andam começando a fazer, sim.

Eu explico. As mulheres costumam ser mais cuidadosas e até conservadoras com seu dinheiro, preferindo colocar na poupança, por exemplo, a correr ricos em outras aplicações. No entanto, ultimamente, mulheres mais jovens, com maior familiaridade com o mercado financeiro, vêm abandonando essa postura cautelosa e passando a adotar uma conduta mais arrojada. Daí, adivinhem o que acontece? Podem cair nas mesmas ciladas masculinas, é claro...

Quando digo *ciladas*, refiro-me a atitudes como autoconfiança exagerada, por exemplo, que vem, muitas vezes, acompanhada do conhecido *viés de ação* (p.124), levando mulheres, da mesma forma que tradicionalmente ocorre com homens, a negociar mais do que seria o caso, comprometendo, dessa forma, retornos potenciais, que viram pó mediante o pagamento de taxas, impostos etc. Isso para não falar na evidente dificuldade de analisar com rigor as perspectivas de cada aplicação quando se entra em "frenesi de negociar", certo?

Mas vamos a alguns dados de pesquisas psicoeconômicas, por enquanto encontrados mais facilmente em outros países, que comparam homens e mulheres em relação a dinheiro e investimentos:

1. Embora os dois gêneros associem dinheiro a poder e autoestima, os homens se veem mais envolvidos e competentes para lidar com ele, ao passo que as mulheres encontram sentimentos de inveja e privação em relação a dinheiro, que é visto como meio de obter coisas ou experiências que poderiam ser usufruídas no presente (Prince, 1993).

2. Agora um experimento: mulheres tendem a dar menos dinheiro a mulheres do que a homens; tal tipo de comportamento, no entanto, não se verificaria entre homens (Ben-Er et al., 2004).

3. Entre mulheres, o sentimento de posse está associado a senso de responsabilidade, vinculação e sentimento de orgulho, que podem até mesmo se estender a familiares ou outras pessoas próximas (quem não se lembra da saudosa Consuelo Leandro e de seu "marido Oscar"?)[26], ao passo que, entre homens, possuir tem a ver com direitos, autonomia e exclusividade (Rudmin, 1994).

4. Em relação a salários, uma pesquisa com 2.600 homens e mulheres russos mostrou diferenças significativas entre eles:

homens teriam lócus de controle[27] interno e apetite para desafios, enquanto mulheres apresentariam lócus de controle externo e necessidade de afiliação, no lugar de desafio (Semykina e Linz, 2007).

5. Quanto a atitudes em relação à transferência de renda em programas sociais, mulheres apoiam mais do que homens quando destinada à assistência a menores, talvez indicando seu impulso maternal, de proteção a crianças (DeLaney e O'Toole, 2008).

6. A respeito de investimentos e comportamento no mercado financeiro, as mulheres demonstraram maior aversão a risco e menor realização de negócios (Fellner e Maciejovsky, 2007).

7. As diferenças entre os dois gêneros não têm origem propriamente biológica, sendo antes fruto de influências culturais. O apetite por risco, por exemplo, é mais associado ao homem nas sociedades ocidentais, e se a mulher se identificar com os atributos masculinos também poderá apresentar menor aversão a risco financeiro. A questão é cultural, e não fisiológica (Meier-Pesti e Penz, 2008); sobre isto, já discuti, em outra oportunidade, o seguinte:

Pode-se comparar estes dados com outros, obtidos em pesquisas realizadas há mais de 10 anos, quando mulheres tinham menor participação no mercado financeiro, por exemplo. Num estudo experimental sobre risco e estratégias utilizadas em decisões financeiras, Powell e Ansic (1997) encontraram, entre as mulheres, menor propensão a risco, se comparado a homens, de forma independente de fatores como familiaridade, *framing*, custos ou ambiguidade, o que os levou a supor que esta tendência seria mais inerente àquele gênero. Ao examinar as diferentes estratégias empregadas pelos dois grupos, porém, descobriram que este fator não teria impacto significativo sobre as habilidades para negociar no mercado financeiro, concluindo então que, devido ao fato de estratégias serem mais facilmente observadas do que a preferência por risco, em si, estas diferenças poderiam servir para reforçar crenças estereotipadas sobre a menor capacidade feminina para administrar finanças – o que, evidentemente, não estaria *inscrito* em seu gênero.

Após extensa pesquisa sobre risco, de modo geral, que permitiu a Loewenstein e colegas estabelecer uma hipótese denominada *risco como sentimentos* (*risk as feelings*), estes autores indagam sobre as raízes emocionais das atitudes frente a riscos, que abrangeriam também as diferenças entre gêneros, conforme apontadas nos dados acima. Por experimentarem sentimentos mais intensamente e serem mais capazes de imaginar e relatar cenários quando comparadas, em média, com homens, mulheres teriam maior propensão a reagir a situações que envolvam risco. Novos estudos são então sugeridos pelos autores, com o objetivo de determinar se as diferenças de gênero observadas diante da possibilidade de se incorrer em risco seriam mediadas pelas diferenças nas reações emocionais a risco. Eles acrescentam, ainda, que neste caso talvez fosse detectado que aquelas mulheres que apresentam reações emocionais menos intensas poderiam buscar mais riscos, como fazem os homens. (Ferreira, 2008c, p.104)

8. As mulheres veem os investimentos como fonte potencial de estresse e, frequentemente, delegam ao cônjuge ou a outra pessoa de suas relações as decisões sobre aposentadoria ou finanças em geral, possivelmente por autoconfiança escassa. A mesma pesquisa realizada nos Estados Unidos, contudo, revelou uma diferença importante nesse ponto: mulheres negras, que muitas vezes são chefes de família e vivem sem a presença do marido no lar, tendem a possuir maior autoconfiança quanto a assuntos financeiros, podendo sugerir que a autoconfiança advém da experiência, mais do que de qualquer outro fator, o que faz todo o sentido, certo? (National Investment Survey, 2006)

Podemos concluir, então, que:

Até este momento, pode-se afirmar que, à medida que mulheres adquirem maior familiaridade com o mercado financeiro, tornam-se mais seguras para tomar decisões neste âmbito, com a vantagem de ainda manterem determinadas características – como a busca por informações relevantes, quando necessário, antes de investir e maior serenidade para manter as aplicações, em vez de negociar com frequência, como fazem muitos homens, incorrendo em perdas, ao passo que mulheres podem obter ganhos maiores com sua estratégia. (Ferreira, 2008c, p. 105)

Para finalizar, uma rápida observação hormonal – dos homens! –, e uma tentativa de esclarecer uma calúnia recorrente.

As sem testosterona

O hormônio tipicamente masculino é a testosterona, que dá aos homens força, vigor, barba e pelos no corpo, quase nada de celulite (que raiva!), embora também possa causar queda de cabelo (calvície). Está mais presente em homens jovens, e no período da manhã. Nas mulheres, seu índice é mínimo.

Pois bem – foram dar uma olhada na relação que poderia haver entre uma coisa e outra: testosterona e risco, já que os homens apresentam essa maior propensão ao risco nos investimentos. Pesquisador é danado... E descobriram! Ou pelo menos alguns pesquisadores descobriram, já que outros, depois, replicaram o estudo com resultados menos conclusivos. Mas essa primeira equipe, de Cambridge,[28] estabeleceu, sim, uma relação entre índices mais altos de testosterona e maior disposição a correr riscos – e assim, obter mais ganhos – no mercado financeiro.

Isso quer dizer que está tudo perdido para nós, garotas? Não! A questão é que – vamos encarar os fatos: as mulheres só passaram a adentrar o mundo do dinheiro – e do trabalho – para valer, a partir da Segunda Guerra Mundial, ou seja, há cerca de sessenta anos, o que é ínfimo, perto da história da humanidade, é ou não é? Isso significa que a experiência feminina no ramo financeiro é minúscula, o que faz uma diferença enorme para se sentir à vontade atuando nessa área. Somos mais tímidas, mais inseguras – em especial quando se trata de decisões de grande porte, como aquisição de bens imóveis, plano de aposentadoria e outras – e desacostumadas às regras desse universo, que nos é ainda pouco familiar. Daí comportamentos de hesitação, dependência de terceiros e mesmo pura e simples antipatia pelo assunto.

Porque, se é fato que mulheres cuidam, frequentemente, das finanças domésticas e, segundo inúmeros relatos, que bom que é assim, do contrário, quem garantiria o leite das crianças?, por outro lado, isso se dá no âmbito do orçamento, compras rotineiras, pequenas economias. Ou seja, mais na dimensão "interna" das questões financeiras, deixando para os homens as decisões de mais fôlego, que ocorrem no mundão lá fora...

Calma, companheiras descoladas, profissionais ativas e bem-sucedidas, que se arrepiaram ao ler o parágrafo anterior! Não, não vale para vocês, que são bem informadas e tranquilas para gerenciar a própria vida financeira e de suas famílias. Mas ainda vale para grande parte das mulheres, de todos os segmentos socioeconômicos e faixas etárias.

É possível que, com o tempo, a gente chegue lá. Mas ainda temos muito chão pela frente.

Enquanto isso, vale refletir sobre o modelo mais adequado de investir. Afinal, será que o padrão masculino tradicional está com essa bola toda? Ou não foi nesse esquema que o mundo entrou pelo cano em 2008 e, até hoje, não se sabe como, a que custo, nem se ou quando sairá dessa enrascada? Autoconfiança excessiva, riscos ignorados, fome por ganhos descomunais acima de tudo, otimismo exagerado – eita equaçãozinha difícil de funcionar...

Essa pesquisa sobre testosterona gerou comentários, por exemplo, de como seria um mercado financeiro em que predominassem mulheres, ou homens mais velhos, que também possuem índices mais modestos desse hormônio. Conjectura interessante, não?

É calúnia!

Para terminar, vamos pôr alguns pingos nos is. Sabe aquela visão meio caricata da mulher como um ser que compra furiosamente, se endivida como louca etc.? Pois é, não se sustenta. É verdade que, quando o assunto é *compra compulsiva*, um distúrbio semelhante a outros comportamentos de vício e dificuldade de controle de impulsos, algumas pesquisas apontam maior prevalência entre mulheres. Mas falamos aqui de um problema grave, que só atinge a minoria das pessoas.

Com relação ao comprar "normal", aí o quadro é outro. Mulheres costumam ir às compras com mais frequência, isso é verdade, até mesmo porque esse comportamento faz parte de seu repertório, por assim dizer: as mulheres, tradicionalmente, compram comida, roupa e outros produtos para os filhos. Aliás, esta é uma situação em que podem levar crianças, o que também facilita, ao contrário do trabalho, por exemplo, onde crianças não são habitualmente admitidas, além de ser uma oportunidade para sair de casa – uma das únicas, em algumas culturas... Por essas razões, é comum que comprem, sim, ao passo que homens vão às compras mais raramente. Portanto, atente para a:

 Diferença entre os sexos: o valor médio de compra dos homens costuma ser muito mais alto do que o das mulheres!

Por isso, somos tachadas de "consumistas" com alguma injustiça. Na verdade, a situação é um pouco pior: na sociedade contemporânea, que alia oferta quase infinita de produtos, veiculados por *marketing* ubíquo e massacrante, a crédito farto e fácil (embora bem longe de ser barato, no caso do Brasil), sem falar na nossa condição psíquica de permanente inquietação, que torna "bico" explorá-la na base de "seus problemas acabaram, aqui está a solução para eles – basta comprar isto ou aquilo!", bem, somos todos irremediavelmente consumistas... E o que temos observado ultimamente é que, assim que se cruza – para cima – a linha da pobreza, ingressa-se alegremente no mundo feérico do consumo sem fim.

Investir, aliás, pode ser um antídoto a essa febre. No lugar de gastar imediatamente tudo que cai nas mãos, aplicar o dinheiro, para usá-lo mais à frente. O próprio país também se beneficia desse comportamento, usando essa poupança interna para equilibrar suas contas. Nossos índices de poupança, no entanto, ainda são insuficientes, o que é de se lastimar.

E já que falamos do eixo consumir-investir, cabe aqui uma última observação: nem sempre os dois comportamentos estão em oposição um ao outro! Em alguns casos, o investidor se comporta como consumidor voraz, negociando de forma equivalente àquela pessoa que vai ao *shopping* e volta carregada de sacolas, ou compra tanto quando viaja que paga excesso de peso na bagagem... Por isso, atenção à *função* que investir pode assumir para você! Se for para tentar preencher algum vazio, ou por falta de coisa melhor para fazer, para competir com o vizinho ou por outra razão esdrúxula como essas, melhor rever seus conceitos de investimento, para não pagar caro por esse tipo de consumo-investimento desenfreado...

A HORA H NO GELO E NAS DECISÕES

Qual o perfil mais apropriado para o investidor? Audaz? Cauteloso? Persistente? Zen? Como o medo é uma das emoções mais importantes do nosso arsenal mental, ele tem sido estudado também na sua relação com os investimentos.[29] Quem tem melhores retornos – os destemidos ou quem fica cabreiro quando perde?

Esses pesquisadores foram bastante engenhosos para montar seu experimento. Primeiro, observaram que, quando se dirige em estradas ou ruas cobertas de gelo, condição perigosíssima, porque elas ficam lisas como sabão, a reação instintiva dos motoristas ao depararem com gelo na pista é frear, por puro medo. Claro que essa é uma péssima medida, pois faz o carro derrapar e dançar sem controle. Até aí não tem grande novidade para quem mora em lugares onde neva.

Mas o que intrigou mesmo os pesquisadores foi observar que alguns poucos motoristas não tinham essa reação. Pacientes que apresentavam lesões cerebrais que impediam conexões neurológicas com as emoções, como o medo, eram capazes de passar pelo gelo sem se abalar – e sem derrapar –, já que não sentiam medo e, portanto, não freavam seus veículos. Foi o que bastou para levarem esse cenário para o laboratório, com o objetivo de testar o papel do medo sobre decisões acerca de investimentos.

Os participantes do estudo foram divididos em três grupos: quem tinha aquele tipo de lesão; quem tinha lesão neurológica em outra região do cérebro, afetando outras funções; quem não tinha lesão neurológica. Todos recebiam 20 dólares "falsos", que poderiam ser trocados por dinheiro de verdade depois, e a tarefa de participar de um jogo de computador que simulava decisões de investimentos: a cada rodada, podiam investir um dólar ou não investir nada; no primeiro caso, dava o dólar ao experimentador e jogava uma moeda – cara, perdia o dólar, coroa, ganhava 2.50 dólares.

 Observação: não vamos nos esquecer de que, ao jogar uma moeda, a probabilidade de dar cara ou coroa é de 50% para cada uma, certo? Isso já compromete um tiquinho o espírito do experimento, uma vez que no mercado financeiro real o cenário contém mais ambiguidade e incerteza. Mas não tira seu mérito, então vamos em frente.

Ao todo foram vinte rodadas, e havia um incentivo – matemático e econômico – a investir todas as vezes, já que o valor esperado a cada vez era mais alto se o participante investisse, do que se não o fizesse: $1,25 e $1, respectivamente. De modo geral, se o participante investisse todas as vezes, teria apenas 13% de chance de receber ganhos totais mais baixos do que se não investisse a cada vez, ficando com os 20 dólares na mão. Mas os resultados foram diferentes em cada grupo: o primeiro, dos indivíduos neurologicamente desprovidos de medo, apresentou retornos mais altos do que os outros dois grupos, porque investiam independentemente do que tivesse acontecido na rodada anterior; em outras palavras, se tivessem perdido, não se abalavam e jogavam novamente, já que jogar era matematicamente mais proveitoso do que não jogar. Os participantes dos outros dois grupos, por sua vez, ficavam receosos de perder de novo, depois de terem perdido uma vez, e geralmente aguardavam pelo menos uma rodada para voltar a jogar.

Mas atenção novamente! Antes de sair investindo corajosa e furiosamente, batendo no peito como o Tarzan e bradando que nada teme, lembre-se de que a simulação do experimento simplificou muitíssimo a situação real, que envolve inúmeras outras variáveis. Mas ele serve para demonstrar, mais uma vez, que as emoções têm, sim, papel essencial na tomada de decisão e podem determinar a direção de nossas escolhas. Por isso, para quem não é lesionado, ainda cabe estudar com cuidado suas opções em vez de seguir apertando teclas – do computador, se for *homebroker*, do telefone, para falar com seu corretor ou consultor –, automaticamente, sem pensar no que está fazendo.

VOCÊ É UM *NOISE TRADER*?

A definição de *noise trader*, de acordo com o *site* Investopedia,[30] uma espécie de Wikipedia voltada para investimentos, é a seguinte: investidor que toma decisões de comprar e vender papéis sem usar dados de fundamentos (análise fundamentalista); geralmente, seu *timing* é ruim, e ele segue modas, além de reagir desproporcionalmente tanto a notícias boas quanto a ruins.

Alguém levantou a mão?

Pois é. Para as Finanças Comportamentais, é aí que mora o perigo. A maior parte dos investidores não se vê nessa categoria, acreditando que todas as suas decisões de investir são muito bem calçadas em informações, logo, só podem tomar decisões fundamentadas! Entretanto, considera-se que a maior parte dos investidores seja *noise trader*, uma vez que apenas uma minoria decide sobre investimentos usando unicamente análise fundamentalista. E, para pôr mais lenha na fogueira, análise técnica também é considerada *noise trading*, porque seus dados não se relacionam com os fundamentos da empresa em questão.

E agora, qual a sua opinião a seu próprio respeito nesse sentido? É *noise trader* ou não?

Não se esqueça da nossa quase onipresente tendência a ter autoconfiança excessiva...

Sobre previsões

E ATENÇÃO PARA ESTA NOTÍCIA DE ÚLTIMA HORA!
AGORA É OFICIAL: O ACASO EXISTE!

Alguém conhece – ou se lembra – do *I Ching*? É uma espécie de livro de adivinhações, que pretende prever o futuro com base em hexagramas, desenhos formados por seis linhas superpostas.[31]

> Nossa mente que, como já vimos, suporta mal o desconhecido, procura enxergar padrões e repetições naquilo que é puramente aleatório. A ação subiu demais ao longo dos últimos dias? Então agora vai "ter que" cair! Ou o oposto: faz tempo que esse papel não se valoriza – não tem por onde, vai se valorizar agora! Ou ainda – já perdi várias vezes nas minhas operações, agora eu tenho que ganhar e acabou! Como se fosse possível "combinar com os russos" dessa forma...

Esses hexagramas são obtidos, de forma simplificada, jogando-se três moedas ao mesmo tempo e contando as caras e coroas a cada vez. Mas na China antiga, onde o jogo teve origem, ele é praticado de modo mais complexo, com quarenta e nove varetas de bambu, cuja disposição, depois de serem jogadas, aponta para os respectivos hexagramas.

A questão é a seguinte: o número total das varetas seria, na realidade, cinquenta; contudo, uma delas é retirada do jogo para indicar o *acaso*, sobre o qual nada podemos saber.

Quando Daniel Kahneman esteve no Brasil, em 2009, para participar do congresso da então ANBID (Associação Nacional dos Bancos de Investimento, atual AMBIMA – Associação Brasileira das Entidades dos Mercados Financeiro e de Capitais) – e eu tive o privilégio de dividir a mesa com ele (desculpem o momento "se aparecer", mas é que foi muita emoção!) –, ele falou muito no livro *O cisne negro*, do seu amigo Nassim Taleb. Além de dizer que deveria ser leitura obrigatória, destacou o papel dos eventos inesperados em nossa vida e em nossos investimentos, já que não é possível nos prepararmos especificamente para aquilo que nem sequer imaginamos.

De fato, seguimos incapazes de prever com exatidão o futuro, e de nada adianta "forçar a amizade" esquadrinhando o horizonte por meio de padrões imaginários. Contudo, saber que o inesperado ocorre, e de forma regular, nos ajuda a levar esse dado em conta, reduzindo um pouco o impacto do imponderável. No lugar de sermos apanhados de calças impropriamente curtas, podemos ser pegos de bermudas, o que já melhora um pouco, em alguns casos...

LEMBRETES DE KAHNEMAN

Aproveitando que falei, mais uma vez, do Kahneman e de sua visita ao Brasil, reproduzo, abaixo, algumas ideias que ele abordou na ocasião – e que nunca é demais repetir... –, conforme relatei em artigo publicado no *Valor Econômico*, em 13.7.2009, do qual destaco alguns trechos:

1. Temos autocontrole limitado e não devemos nos esquecer disso; para ilustrar, citou – e elogiou – Richard Thaler, o pioneiro da economia comportamental nos Estados Unidos e um dos principais defensores da estratégia de arquitetura de escolha, os chamados *"nudges"*, que pretendem empurrar as pessoas em direção a melhores decisões [cf. p. 157]. Ou seja, a premissa aqui é que as pessoas não são plenamente racionais; se fossem, não precisariam dessa ajudinha externa, certo? Talvez para ressaltar a importância deste debate, vale lembrar que outro de seus paladinos, o advogado Cass Sunstein, está na administração Obama. Para completar, [Kahneman] defendeu que Thaler também deveria receber um prêmio Nobel de Economia!

2. Sobre risco, disse textualmente que "as pessoas correm riscos porque não sabem que estão correndo riscos", e, como costuma fazer, alertou enfaticamente sobre os perigos do otimismo excessivo que, aliás, costuma andar de braço dado com a autoconfiança excessiva também... Sempre achamos que com a gente não vai acontecer, certo? A seu ver [de Kahneman], correr riscos seria o resultado de uma combinação de ignorância com otimismo e aversão à perda. Sim, como já vimos

antes, não temos sempre aversão a risco, mas temos, invariavelmente, aversão à perda – e ela pode ser tão poderosa que, ao fim e ao cabo, nos impele a correr riscos – tudo em nome de tentar não perder!

3. [Kahneman] destacou que enxergar o mercado como se fosse uma pessoa, atribuindo-lhe características humanas, é um equívoco. Ele brincou que, a julgar pelas descrições que encontramos na mídia – o mercado está "otimista", "pessimista", "descansando depois de muitas oscilações ontem" etc. –, o mercado seria uma pessoa bem nervosa! Mas não é por aí, porque além dos investidores individuais, há outros *players* importantes em ação, como as instituições, que operam de modo distinto. Conforme sua designação, investidores individuais funcionam direto no chamado *Sistema 1*, que é mais automático, rápido e sujeito a equívocos, associado a impulsos e emoções, ao passo que instituições podem funcionar mais dentro do *Sistema 2*, com operações mais racionais e ponderadas, negociando, portanto, de forma diferente de investidores individuais.

4. Consequentemente, instituições ganhariam dinheiro a partir de equívocos cometidos por investidores individuais, mais sujeitos às suas próprias paixões (agora, em minhas palavras). O cutucão dele [Kahneman] foi no sentido de que investidores têm uma visão primitiva do mercado e agem em função dela: dividem os cenários conforme os entendem como sendo seguros ou arriscados, e realizam segundo esses critérios. No entanto, são visões muito sujeitas a vieses e parcialidades, que podem levar a erros. Assim, haveria quantidades industriais (para citar Keith Richards[32]) de ilusão e otimismo irrealista no mercado... E, consequentemente, compra e venda de ações erradas, nos momentos errados – e prejuízos, claro.

5. [Kahneman] enalteceu diversas vezes um livro que não é nem de economia, nem de psicologia econômica ou economia comportamental. É *O Cisne Negro*, de Nassim Taleb, autor que se declara interessado unicamente em eventos

particularmente raros e extremos e no acaso. Kahneman citou-o para alertar quanto à dificuldade que temos diante do que desconhecemos e como aguentamos mal esta condição. Rapidamente, buscamos uma explicação qualquer para reduzir nosso desconforto. Em outras palavras, vivemos num mundo que não entendemos, mas mantemos a ilusão de que "está tudo dominado". De novo, cilada à vista! Com ilusão, não dá para aprender.

Então, para Kahneman, o investidor individual é um coitado?

Não sei se há tradução exata para *coitado* em inglês, mas acredito que ele não tenha dito propriamente isso. Mas que chegou perto, isso chegou... Como o leitor talvez já tenha percebido, é comum entre pesquisadores de Economia Comportamental e Finanças Comportamentais, mais especificamente, haver uma preocupação com o investidor individual. E isso ele disse de maneira explícita: no mercado financeiro, instituições ganham dinheiro à custa dos (erros cometidos por) investidores individuais.

Como antídoto, tentamos produzir livros como este – para ajudar você a não ser o pato da vez.

MERCADO FINANCEIRO, FUTURO, EXPECTATIVAS: TRIBUTO A KARL-ERIK WÄRNERYD[33]

O que são expectativas? Como todas as decisões se desdobram em algum futuro, deparamos com o desconhecimento ao tomá-las. E isso é inevitável – ninguém tem bola de cristal, não é possível saber com precisão o que o futuro nos reserva. Aí entram as expectativas! Sejam mais, ou menos, fundamentadas, elas ocupam o lugar do conhecimento pleno – e inalcançável – do futuro.

Do ponto de vista psicológico, expectativas são formadas a partir de experiências anteriores, que podem ser pessoais ou de terceiros, e de informações provenientes das mais variadas fontes. No que diz respeito à intensidade, podem ir de convicções firmes, esperanças e medos fortes, ao reino das conjecturas, feitas sem grande certeza. E, como sempre acontece em nosso mundo mental, elas também possuem carga emocional, podendo se associar a diferentes estados de espírito, esperanças e medos.

Wärneryd, que é um veterano pesquisador de Psicologia Econômica, discute mercado financeiro por esta ótica, lembrando, porém, que ela se distingue do conceito tradicional de *expectativa*, que é chave para a teoria econômica de mercado financeiro. Neste caso, trata-se de uma *expectativa matemática*, praticamente sem conexão com a psicologia. Este autor, contudo, analisa exatamente a perspectiva psicológica sobre esse campo, e ele faz isso por partes:

A experiência passada

Se trata-se de experiência passada do indivíduo, ela é subjetiva, e aí já trombamos com o fato de nossa memória ser falha, porque é seletiva e está sujeita a forças inconscientes, que a modelam. Desde o primeiro passo, que é a percepção, já filtramos, de forma deliberada ou não (e esta última é mais comum), os dados captados; daí para a frente, o armazenamento, posterior rememoração e interpretação destes dados já sofrerão, igualmente, as distorções de costume, que os afastarão de qualquer objetividade. Aplicando a estes processos as heurísticas já identificadas pela Psicologia Econômica (cf. Earl, p. 23), podemos ter situações como as relacionadas a seguir:

- *Disponibilidade.* Como vimos (cf. Earl, p. 23), disponibilidade é a facilidade com que nos lembramos ou imaginamos dados, o que vai pesar em nossas estimativas associadas a eles e pode se basear em experiência, memória ou imaginação. Alguns exemplos: se campanhas publicitárias colocam determinadas empresas ou ações em grande evidência, isso pode, de fato, aumentar a procura pelas ações ajudando a convencer os investidores de seu valor; o inverso vale para investimentos em mercados, instituições e empresas estrangeiras, com os quais o investidor tem menos familiaridade, levando-o a aumentar sua avaliação de risco em relação a eles e a rejeitá-los; ou o fato de o acréscimo de um dado familiar a um evento incerto aumentar a percepção de sua probabilidade de ocorrer, quando deveria suceder o oposto, conforme demonstrado por alguns experimentos[34] – um cenário que inclui uma possível causa e um resultado pode parecer mais provável do que um resultado por si só.

- *Falácia da taxa-base[35] e representatividade.* Há maior tendência a considerar julgamentos por semelhança do que informações estatísticas ou sobre taxa-base. Traduzindo, trata-se de se deixar guiar por estereótipos, por exemplo, em especial naquelas situações que envolvam incerteza e, portanto, gerando a tentação de buscar padrões familiares, acreditando que se repetirão. Um estudo com *noise traders*[36], por exemplo, apontou que eles subestimam as informações de taxa-base, pois fazem previsões superestimando eventos recentes, ao mesmo tempo que subestimam os mais distantes, que são aqueles que, justamente, poderiam constituir a taxa-base, e também acreditam, depois de olhar para padrões recentes, que se repetirão no futuro. Cabe, porém, um advogado do diabo rápido acerca de toda essa discussão: estudos dessa natureza vêm sendo questionados em seu método, que não teria clareza suficiente, ao lado de críticas sobre nossa pouca inclinação natural à inferência lógica e ao raciocínio dedutivo – na vida real, investidores e todo mundo tomam suas decisões de maneira distinta daquela que encontramos em situações experimentais. Mesmo assim, não se duvida da existência da falácia da taxa-base, então vale ficar atento de todo modo. Por outro lado, quando no lugar de ser negligenciada, a taxa-base é alta, pode provocar uma reação de ignorar outros dados específicos, como no seguinte caso: num cenário em que a maioria das ações está subindo, a taxa-base pode ganhar destaque indevido, levando a ignorarem-se detalhes específicos sobre determinada empresa e, consequentemente, sobre suas ações, que podem subir "no vácuo", quando não seria o caso ali; idem quando o mercado em geral cai, e leva, na enxurrada, ações de empresas sólidas que, em princípio, não teriam nada a ver com aquele peixe. Isso significaria que os investidores tendem a não fundamentar suas decisões sobre sua própria experiência e seu meio imediato num primeiro momento, concentrando-se em processos anteriores, ou seja, nas taxas-base dos preços das ações. Seria, portanto, o inverso da falácia da taxa-base, já que aqui ela predomina sobre as informações específicas – e é também o fenômeno psicológico da *generalização*:

– *Generalização*. É um tipo de inferência sobre o desconhecido, que funciona assim: o que se sabe ser verdadeiro sobre os membros conhecidos de uma classe de fenômenos fica estendido aos demais membros dessa classe, ainda que nada se saiba sobre eles – mesmo sem jamais ter lido esta definição antes, você certamente já recorreu a este mecanismo, não é? Se as ações de uma construtora estão subindo – ou caindo –, então as ações das outras construtoras devem seguir o mesmo movimento. O que complica é guiar-se apenas por isso, sem levar em conta o estado em que cada empresa se encontra, efetivamente. Já se verificou que, quando ansiosas, as pessoas tendem a generalizar mais, e em períodos de exuberância, que podemos chamar de *mania* ou de euforia, idem, o que significa que a capacidade de discriminar, nesses estados, também diminui, pois *discriminação* seria o oposto de *generalização*, quando qualquer diferença, por menor que seja, fica exacerbada.

- **Conservadorismo.** Por que, muitas vezes, se observa uma demora na reação a informações, no mercado financeiro? Uma das hipóteses aponta para a dificuldade de se atualizar modelos mentais diante de novas evidências, uma vez que não nos comportamos de forma "bayesiana"[37] no dia a dia, embora possamos nos aproximar mais desse método após sucessivas repetições. *Conservadorismo* seria o oposto de *confiança excessiva*, de modo que as duas condições não poderiam estar presentes ao mesmo tempo no mesmo indivíduo. Mas se você já está se perguntando por que às vezes rola uma, e outras vezes, outra, calma, porque isso também já foi estudado![38]

– *Confiança excessiva e conservadorismo*. Partindo da hipótese de que as pessoas focam na força ou no extremo das evidências disponíveis, sem considerar suficientemente seu peso ou fidedignidade, verificou-se que esse tipo de julgamento resulta em confiança excessiva quando a força é alta e o peso é baixo; e em conservadorismo, quando a força é baixa e o peso é alto. Para eles, *força* é inferida a partir de saliência e de aspectos extremos, ao passo que *peso* se associa ao tamanho da amostra, por exemplo.

- **Aprender com a experiência passada.** O que acontece quando as coisas saem de forma diferente da esperada? Surpresas, que possuem inegável componente emocional, podem ter contornos que não fariam sentido se tomadas apenas pela racionalidade. Por exemplo: um ganho menor pode trazer mais prazer do que outro, maior, quando o primeiro está atrelado a uma alta inesperada no preço negociado, e o segundo, a uma expectativa de que o ganho seria ainda maior – sendo menor do que o esperado, desaponta... Vale o mesmo para uma perda: pode ser sentida como uma ótima surpresa, se representar um valor menor que o esperado.

- **Viés do retrospecto.** O autor é textual: não é fácil aprender com a experiência porque o viés do retrospecto é uma ameaça ao *insight*.[39] Então, vamos conhecer melhor essa "ameaça" que, para começo de conversa, nem sequer é consciente, na maioria das vezes. Em geral, quando olhamos para trás, tendemos a exagerar naquilo que poderia ter sido antecipado previamente – o que aconteceu agora aparece como tendo sido inevitável, e acreditamos que os outros também deveriam ter sido capazes de antecipar eventos muito melhor do que de fato são. Além disso, também não conseguimos nos lembrar corretamente das nossas próprias previsões, exagerando, em retrospecto, aquilo que efetivamente sabíamos então.

    – *Um pouco mais sobre o viés de retrospecto*. Olhar para trás depende da memória, que é bastante falha: impressões errôneas, limitação para armazenar lembranças e interferências ao rememorar sugerem que devemos ter cautela com aquilo que, muitas vezes, temos certeza que aconteceu! Se você está habituado a acompanhar comentários sobre o mercado na mídia, veja se esta observação não faz sentido: "Uma hora depois do fechamento do mercado, *experts* podem ser ouvidos no rádio explicando, com alto grau de confiança, por que o mercado agiu daquela forma. Um ouvinte poderia, facilmente, fazer a inferência incorreta de que o comportamento do mercado é tão razoável que poderia ter sido previsto antes naquele dia".[40] Nem precisa dizer que aí mora o perigo, certo? Não, o imponderável existe! E tem mais: ele acontece, de modo bastante autônomo, para dizer o mínimo, em relação a nossos desejos e expectativas...

Tratamento das novas informações e influências sobre seu processamento.

Se as novas informações são levadas em conta – porque, às vezes, nem isso acontece –, serão interpretadas e tratadas com as devidas heurísticas, pois, como já vimos, a realidade é complexa demais para ser administrada com perfeita racionalidade. Eis alguns exemplos:

- *Ancoragem e ajustamento.* Só mais um estudo[41] para ilustrar esse fenômeno já descrito (cf. p. 53): os participantes do experimento acreditavam estar participando, de fato, de duas situações experimentais distintas, embora se tratasse de uma só; na primeira parte, tinham que discriminar um determinado número dentro de uma série que aparecia numa tela; depois, em outra situação, com outro experimentador, tinham que prever o valor de uma ação. E não é que o número da primeira parte acabava atuando como âncora nesse segundo momento?? Isso levou o autor a alertar para o fato de que, em especial investidores jovens, que só conheceram mercado de alta, por exemplo, podem superestimar a probabilidade de este fenômeno se manter dessa forma, incorrendo no risco de perdas financeiras quando o quadro se inverte. Estar ciente da existência de ancoragem também ajuda a se precaver contra profissionais inescrupulosos, que tiram proveito dessa fragilidade: depois de receber uma oferta que está acima de suas posses, o investidor recebe outra, desta vez mais baixa, de outro pacote de ações – à luz da primeira oferta, esta parecerá razoável, certo? Para piorar, em certos casos, dependendo do tipo de relação entre as duas partes, o investidor pode se sentir compelido a aceitar a segunda oferta, uma vez que o outro foi tão bonzinho, fazendo a concessão de lhe oferecer a preço mais baixo... É um pouco como ficar sem graça e levar uma roupa, que nem ficou legal, só porque não tem coragem de desapontar o vendedor da loja.

- *Ilusão de controle.* O controle que a pessoa percebe ter sobre uma situação produz autoconfiança, mas também pode ser ilusório. Por exemplo, achar que está se dando bem porque tem habilidade necessária, quando, na verdade, se trata de acaso, pode deixar a pessoa com a falsa impressão de que "está tudo dominado", e é ela quem controla aqueles eventos. É o caso dos jogadores de dados, que os lançam de mansinho, quando querem números baixos, e forte, quando querem números altos – e acreditam que o jeito de jogá-los influencia os resultados mesmo! Já para quem olha de fora, parece pura superstição...

  - *Dá-lhe ilusão!*[42] Veja então este estudo: Os participantes podiam escolher entre (a) adivinhar se uma ação, selecionada ao acaso do *Wall Street Journal*, vai subir ou descer amanhã – se acertar, ganha 5 dólares; ou (b) adivinhar se uma ação, selecionada idem, subiu ou desceu ontem – e, claro, não pode olhar o jornal! – se acertar, ganha 5 dólares. Adivinhe o que aconteceu? 67%, a maioria, portanto preferiu a alternativa (a). Hipótese para explicar: *ilusão de controle* faz as pessoas acreditarem que poderão influenciar eventos futuros, o que não deixa de ser um tipo de pensamento mágico.

- ***Influências emocionais sobre a formação de expectativas.*** Acho que não há mais dúvidas, mas não custa repetir: todos os investidores, sejam individuais ou profissionais, bem como os *experts*, possuem mundo emocional – disso não dá para escapar. Todos têm sentimentos, estados de espírito que podem variar, tendências mais permanentes a emprestar determinado colorido a tudo que os rodeia ou lhes vai na alma.

  – É tudo psicológico? Observando como, cada vez que há um *crash* importante no mercado – a quinta-feira negra de 19 de outubro de 1987 (queda de 508 pontos no Dow Jones), quando o Nasdaq veio abaixo, em 13 de abril de 2000, ou o que começou em 15 de setembro de 2008 –, há quase uma unanimidade em se afirmar que "é tudo psicológico!", eu me pergunto o seguinte: por que será tão difícil fazer a mesma afirmação quando está tudo "bombando", já que é quase imediato dizer isso no pânico? A gente, na Psicanálise, sabe que euforia (ou mania) e depressão, são dois lados da mesma moeda. Mas parece que, para quem está no mercado, desce meio quadrado se lembrar, na hora da festa já avançada, que *aquilo* também pode ser meio "estranho", ou seja, exagerado, sem fundamento na realidade objetiva e, portanto, possível fruto da realidade psíquica também – exatamente como não fica difícil atestar a presença de fatores psicológicos na condição oposta, de *débâcle*.

  – *Algumas minúcias a mais dos estudos.* O humor, ou estado de espírito (*mood*), tem mais peso quando se tem que avaliar situações ambíguas, e quanto mais afetivamente carregada a situação, mais rápido o tempo de reação a elas,[43] de modo que informações ambíguas podem levar a reações exageradas, em especial na presença de humor sombrio.

  – *Heurística afetiva.* Uma reação afetiva precede a avaliação cognitiva de um estímulo forte, como vimos, o que coincide com o conceito psicanalítico de *decisão crítica*,[44] que integra o modelo de tomada de decisão que proponho.[45] O investidor, portanto, deve se lembrar disso quando estiver analisando suas opções de investimento: a primeira reação pode ser emocional e dar o tom de todo o processamento subsequente das informações, sendo que, em casos extremos, de reação muito forte, pode ir direto para a euforia ou para o pânico, sem *pit stop* na elaboração cognitiva!

– *Previsão de sentimentos* (*affective forecasting*). Aqui, a premissa é a seguinte: prever como nos sentiremos no futuro, depois de termos feito uma escolha e estarmos diante de seu resultado, pode afetar a decisão em si. O problema, mais uma vez, são as heurísticas que podem deformar essa avaliação... Já se verificou que (a) há um *viés de impacto*, isto é, uma tendência a superestimar a intensidade e duração das reações emocionais a eventos futuros; (b) uma causa para esse viés é o *focalismo* – tendência a subestimar a extensão da influência de outros eventos sobre nossos pensamentos e sentimentos; e (c) o *paradoxo do prazer* poderia ajudar a explicar esses fenômenos, na medida que procuramos dar sentido às nossas experiências de maneira automática e não consciente, o que acelera a recuperação frente a eventos emocionais, na seguinte sequência: voltar a atenção para (eventos novos e relevantes), reagir (emocionalmente), explicar (dar-lhes sentido) e adaptar-se (passar a pensar menos sobre eles, e ter cada reação emocional cada vez menos intensa quando o faz). Para o investidor: imaginar os sentimentos que acompanhariam um grande ganho, possivelmente, embute superestimação do grau de felicidade assim alcançado, bem como aversão à perda também incorpora superestimar os efeitos negativos de uma perda, quando, de fato, na hora do "vamo' ver", outras situações também estarão presentes e a forma de se situar diante de tudo será diferente do previsto. A propósito, como diz o povo, tudo passa...

Ok. Se sabemos de tudo isso, é possível ter um "Índice de Expectativa do Investidor", à semelhança do Índice de Sentimento do Consumidor, desenvolvido por Katona,[46] no meio do século passado, e hoje amplamente utilizado?

Com investimentos, a coisa pode ser um pouco mais complicada. A análise técnica procura descobrir pistas para prever o preço futuro das ações. Mas, com relação às expectativas dos investidores, é Robert Shiller quem tem a série mais longa dessas previsões (desde 1984), registrada na *Yale Management Stock Market Confidence Indexes*. Ele usa questionários sobre: *Confidence Index*, que é a porcentagem da população que espera um aumento do Dow Jones no ano seguinte; *Buy-On-Dips Confidence Index*, que mede a expectativa de que o índice da Bolsa atinja no dia seguinte uma queda de mais de 3% no dia; *Crash Confidence Index*, que mede a porcentagem da população que atribui pouca probabilidade de haver um *crash* no mercado acionário nos próximos seis meses; *Valuation Confidence Index*, que aponta a porcentagem da população que acha que o mercado não está alto demais.

Mas, alto lá! Pode voltar o champanhe para a geladeira! Embora minucioso, o mérito desse estudo está mais na explicação dos fenômenos do que em prevê-los no futuro. Então, desculpe qualquer coisa, mas ainda não foi dessa vez que a bola de cristal para prever o comportamento do mercado foi soprada.

As Universidades de Michigan e Wisconsin, nos Estados Unidos, o CentER[47] da Universidade de Tilburg e o *Dutch Postbank Investor Barometer* (que contou com o psicólogo econômico Fred Van Raaij para sua elaboração), na Holanda, também desenvolvem levantamentos nessa linha, e enfrentam dificuldades equivalentes. De fato, seria necessário investigar mais profundamente como os investidores percebem e processam as informações, para se aproximar mais de suas expectativas subjetivas, o que não acontece nos questionários típicos.

Já no que diz respeito às características de diferentes categorias de investidores, Wärneryd (2008a, p.59) tem mais a dizer. Ele propõe quatro grandes grupos:

- *Well-to-do investors (investidores abastados).* Investem parte de seu patrimônio, mas nunca todo ele, em aplicações de risco e não são muito ativos, fazendo poucas operações a cada ano; preferem comprar a vender, e vão, assim, acumulando mais capital. Juntos, possuem parte considerável do total de ações. Seus objetivos e expectativas são de longo prazo e têm grande interesse nas implicações de novas informações, as quais pesam cuidadosamente antes de realizar qualquer operação. Em períodos de turbulência, parecem ter uma influência estabilizadora sobre o mercado.

- *Really wealthy investors (investidores muito, muito ricos).* Investem sistematicamente no mercado de capitais e procuram compor *asset portfolios* (carteiras de ativos). Em geral, usam os serviços de corretores e operadores com *expertise*, estão mais orientados para lucros do que o primeiro grupo e fazem transações mais frequentes (os custos de depósitos são pagos por comissões). Têm objetivos de curto e de longo prazo, suas expectativas são mais voláteis e podem ser mais suscetíveis aos solavancos do mercado do que o primeiro grupo.

- *Speculating investors (especuladores).* Fazem transações frequentes no mercado acionário e quase todo seu patrimônio está em ações e derivativos. Tomam dinheiro emprestado com frequência para explorar o que consideram como oportunidades, têm expectativas de curto prazo e baseadas em informação escassa, e é possível que combinem informação, intuição e sentimentos em "cenários instantâneos" do futuro. *Daytraders*[48] estão nesta categoria. Alguns tem sucesso, outros, fracassam.

- *Naive investors (investidores ingênuos).* São estimulados por histórias do alto potencial de lucros no mercado acionário. Alguns são atraídos pela propaganda em torno da venda de ações oriundas da privatização de empresas estatais. Suas expectativas são semelhantes a preferências e esperanças, e baseadas em pouca informação e sentimentos fortes.

Estas categorias apresentam variações de acordo com as características locais de cada mercado financeiro e a porcentagem da população que possui ações no país. De modo geral, porém, observa-se que investidores profissionais recorrem às mesmas heurísticas que os investidores comuns. Se é assim, haveria, de fato, pessoas que sempre se dão bem, muito melhor do que os outros? Em caso positivo, em que circunstâncias isso ocorre?

Às pesquisas: *expert*s se consideram e são vistos como tal, mas isso não significa que se saiam melhor em suas empreitadas.[49] *Experts* em finanças, por exemplo, têm dificuldade para bater investidores privados no mercado acionário,[50] e tampouco fazem previsões melhores ou têm desempenho melhor do que investidores comuns, ainda que isso possa ocorrer ocasionalmente.[51]

Segue a pergunta que não quer calar: o que é que faz diferença, realmente, no mercado financeiro? Teria razão Nassim Taleb, que chama tanto a nossa atenção para o imponderável, para os eventos raros, para o inesperado? E, quando aflora no mercado o inesperado, quem viu primeiro leva, independente de *expertise* e tudo o mais? Mas essas são as minhas questões.

Quanto ao estudo, o autor o conclui com a seguinte afirmação, que deixo para vocês também pensarem a respeito: "o propósito da psicologia econômica financeira é estudar o otimismo ou pessimismo dos investidores, e não do mercado" (p.60). Porque para ele, a psicologia das mudanças do mercado se refere aos indivíduos, com características humanas, e não às curvas agregadas para ações individuais ou para o mercado todo.

E aqui vai um acréscimo de última hora!! Numa mesa-redonda[52] com Nassim Taleb, Kahneman lembra que temos diferentes expectativas conforme predomine, em nossa mente, o *Sistema 1*, o mais primitivo, impulsivo, suscetível a ilusões e menos preciso, ou o *Sistema 2*, que é mais racional, envolvendo deliberação mais cuidadosa e rigor (*Sistema 1* e *Sistema 2* aproximam-se dos sistemas experiencial e racional). Portanto, ao pensar em expectativas, vale a pena verificar o sobrenome que elas carregam: estão emanando do *Sistema 1* ou do *Sistema 2*?

Sobre tempo

Talvez seja porque o mundo é muito complexo. Porque a vida não é mole, não. Porque tem coisa demais para a gente se preocupar. Porque, com a possível exceção de aposentados noruegueses que se dedicam à jardinagem (no verão, pelo menos, porque depois congela geral), o tempo é, na verdade, o nosso recurso mais escasso, e não damos conta de fazer tudo que precisamos.

O fato é que buscamos, em geral, o caminho mais curto e simplificado para fazer tudo. A gente pode até não acertar e se enrolar no meio do percurso, mas que a intenção era essa, isso era. Resultado: se alguma coisa já parece semi ou totalmente encaminhada, a gente acaba deixando por isso mesmo.

Meu dinheiro está num fundo cambial. O dólar passa anos perdendo valor – e o meu fundo junto... Eu vou lá e mexo?? Que nada, deixo para amanhã, me consolo pensando que uma hora dessas a coisa vira e eu vou me dar superbem, decido que tenho outras prioridades agora e, enfim, deixo como está para ver como é que fica... É o velho *viés do status quo* atacando novamente (veja mais na p. 110).

> **LIÇÃO A LEVAR**
>
> Cuidado com suas justificativas para não fazer nada... Elas podem soar sedutoras, em especial para você mesmo ficar em paz com sua consciência; mas se você está atrás de fazer diferença em investimentos, terá de prestar mais atenção àqueles que podem estar funcionando como "ladrões", ralos na caixa d'água – aqui, na sua caixa forte – por onde o dinheiro escorre desnecessariamente.

Vale para aquele móvel quebrado lá em casa, que talvez só me custasse uma tarde de reparo ou um telefonema para o marceneiro, para encaminhar o problema. E vale também para os meus investimentos. Quase como se a gente voltasse a brincar de estátua, como na infância: "onde está, fica!"

O problema é o seguinte: lamentamos mais os resultados gerados pela opção por agir do que resultados negativos, advindos de não agir. Isso porque é mais fácil imaginar, no caso de resultados ruins, que um desfecho melhor poderia ter ocorrido, do que imaginar uma ação que nunca chegou a acontecer. Daí nossa tendência a julgar que fazer alguma coisa que pode acabar dando problema seria pior do que não fazer nada – nesse último caso, ficamos com a impressão de que não temos nada a ver com o peixe... Muito embora isso seja uma ilusão, pois omitir-se também é, de fato, uma opção, e pode ter consequências tão prejudiciais quanto agir, ou o que é pior, pode ser ainda mais desastroso!

E assim como o inferno está lotado de boas intenções, também o mercado financeiro pulula com quantidades incalculáveis do chamado *viés de status quo*, que expressa essa nossa dificuldade para tomar decisões, como se, dessa forma, fôssemos capazes de evitar o risco, missão impossível quando nossas ações se desenrolam rumo ao futuro, que ninguém conhece, pela excelente razão de que ele ainda não existe, certo?

Tem aquele caso típico do cara que recebe uma herança sob a forma de aplicações financeiras e... nunca mais tem coragem de mexer nelas! Mesmo que estejam em posição desfavorável, bem entendido. Mas quando ele vai fazer uma nova aplicação, com o seu próprio dinheiro, daí são outros quinhentos e ele é capaz de estudar minuciosamente suas opções, para tentar evitar cometer tolices. Mas quem disse que o Tico e o Teco estão se comunicando nesse momento? Tico e Teco, como sabemos, além de serem os esquilinhos simpáticos dos gibis da nossa infância – ok, da infância de quem já fez 50 há algum tempo... -, também batizam, quando queremos brincar com alguém apoucado, os seus parcos neurônios, mais exatamente, totalizando dois! Mas é brincadeira falar em neurônio nesse caso, como se fosse uma questão estritamente de inteligência.

Como temos visto ao longo deste livro, nosso grande problema para acertar no mercado financeiro, ou em qualquer âmbito, deve-se muito mais à nossa dimensão emocional. A gente quer tanto evitar a dor das frustrações que acaba fazendo muita bobagem no caminho...

É o seguinte: toda informação que circula entre as pessoas acaba sendo modificada à medida que se distancia do seu emissor. É fácil visualizar isso. Lembra-se da velha brincadeira do telefone sem fio? Pois é isso mesmo. Quando alguém comunica uma ideia a outra pessoa, e esta a repassa a uma terceira e assim por diante, é provável que tenhamos, ao final de algumas trocas, uma ideia bastante diferente da original – e, como sempre, sem que ninguém se dê conta disso claramente, quase chegando a jurar de pés juntos que não distorceu nada e foi fidelíssimo ao que ouviu quando repassou a mensagem ao vizinho!

Isso também acontece com as chamadas "regras de decisão", que são os parâmetros que adotamos para analisar situações, perspectivas futuras e elementos que compõem o quadro sobre o qual temos que decidir. No mundo dos investimentos, é costume observar atentamente os movimentos de especialistas, *experts* no assunto, investidores bem-sucedidos e outras figuras de proa nesse contexto.

Pois bem, quando esse pessoal todo resolve aplicar seu dinheiro em determinado setor, costuma pensar bem antes de tomar qualquer decisão, em geral com a ajuda de assessores atentos a vários detalhes, com acesso a informações importantes – e nem sempre disponíveis ao grande público –, podendo se beneficiar, também, de uma maior tranquilidade na hora de decidir, porque contam com um colchão de segurança generoso, de modo que perder, para esse pessoal, tem outro significado. Em muitos casos, aliás, podem estar administrando dinheiro alheio, o que lhes dá uma serenidade ainda maior, pois, como vimos, quanto maior o distanciamento emocional da situação, maior a chance de sucesso.

Então, depois de um exame cuidadoso, lá vai a nata dos investidores alocar seus recursos. Até aí, tudo bem. O caso é que esse direcionamento acaba vindo a público eventualmente, e aí podem começar os problemas para o investidor individual. No desamparo humano que todos partilhamos, ele fica doido por obter algum tipo de bússola para seus negócios. Imitação é sempre muito popular entre os humanos também (e entre muitos outros animais, sem dúvida). Do outro lado, diante da incerteza que deixa todo mundo aflito, e da pressa, em função do mercado financeiro perenemente ativo como temos agora, *on-line* o tempo todo, exigindo que se tomem decisões instantâneas – não dá outra, espremido entre pressões de tamanha magnitude, o sujeito sucumbe – "Eles, que são grandes, estão fazendo tal coisa, eu vou fazer também..."

Pronto. Ele procurou adotar as regras de decisão que acredita ter observado nos *experts*. Exceto que: desconsiderou que elas possam ter sido relevantes a um cenário que não existe mais, por exemplo. E mais: elas podem ter se degradado a tal ponto que, quando chegaram ao seu conhecimento, não eram mais, nem de longe, as balizas utilizadas pelos tais *experts*. Em outras palavras, a essa altura dos acontecimentos, está comprando gato por lebre. E, consequentemente, seus resultados não serão iguais aos do modelo que ele tentou seguir.

Esse fenômeno foi estudado[53] e ajuda a entender um pouco mais sobre as famigeradas – ou será que nem tanto assim, já que vivemos repetindo, no mercado financeiro, esses ciclos de subidas não sustentadas, seguidas por quebras fragorosas, para logo em seguida voltar a inflar e depois estourar e repetir para sempre esse padrão? – bolhas. Foi assim na bolha da internet, na década de 1990 – bastava ter ponto.com no final do nome da empresa para o valor de suas ações subir meteoricamente (cf. p. 145). No entanto, em seu início, os primeiros investidores – por pura sorte ou por análise cuidadosa – se deram bem. Mas quando o resto da manada seguiu na mesma direção, comprando tresloucada e indiscriminadamente essas ações, o caldo entornou. Daí os primeiros já estavam caindo fora, e os últimos, como sói acontecer, "micaram" com aqueles papéis que ninguém mais queria na mão...

Então, como concluíram os pesquisadores, é isso: depois que especialistas estabelecem diretrizes para analisar investimentos, utilizando--as com sucesso durante algum tempo, a massa de investidores leigos procura seguir aquele exemplo; mas à medida que elas chegam até a massa de investidores, sofrem deformações e seu valor original fica comprometido. As regras são "replicadores de informação cultural que uma mente transmite a outra" e seguem uma espécie de ciclo vital – nascem, ficam robustas e depois declinam, até desaparecer. Como são complexas, não é difícil se degradarem com o tempo, em especial, devido ao modo como são transmitidas entre as pessoas, nessa espécie de "casca-ta", descendo de cima para baixo. Depois de disseminadas, portanto, podem perder seu valor.

 Para não se esquecer: informações têm significado volátil, mais ainda em nossa época, com tantas transformações pro-fundas e repentinas, onde tudo está por um triz; consequen-temente, devem ser analisadas com cuidado antes de virar dogma.

Para essa análise, você pode adotar esta sugestão de roteiro:

1. identificar as regras que você está utilizando no momento, isto é, as coordenadas que usa para decidir;

2. examinar com cuidado o contexto, em todas as suas partes, no momento atual e em suas perspectivas futuras;

3. recorrer ao modelo "se-então", que é lembrar-se de que de-terminadas funções operam apenas sob certas condições (por exemplo, se há perspectivas de um acordo entre os países so-bre determinado tipo de combustível, então pode ser indicado investir em empresas que o desenvolvam, ao contrário de fa-zê-lo apenas porque um dia ouviu dizer que investir em fon-tes de energia dá dinheiro – esse contexto está em constante transformação, e deve ser continuamente observado).

Tudo isso dá trabalho? Yes! Tem outro jeito? Dificilmente...

Sobre um pouco de tudo

PROCESSO, DECISÃO, RESULTADOS, RELAÇÕES ESPÚRIAS E APRENDIZADO

O título é longo para chamar a atenção para uma ideia sucinta: decisão é decisão, e envolve um processo até chegar à sua etapa final (a escolha), e resultado é resultado que, surpresa?!, pode não depender inteiramente dos méritos ou deméritos do processo da decisão. Entre outros motivos, porque o acaso e o imponderável participam desse processo, ao lado de nossas habilidades e atrapalhações. Estabelecer relações diretas e rígidas entre o que fizemos e o que obtivemos pode não ser o melhor caminho, portanto.

Em outras palavras, não controlamos tudo e os cenários são beeeeeem maiores do que nós ou do que sonha nossa incipiente imaginação...

Em particular, isso vale para quando os resultados foram positivos! Às vezes, acertamos por pura sorte, e tirar lições de tais experiências, apostando exclusivamente em nosso talento, pode não ser uma boa.

VOCÊ SABE O QUE FAZ QUANDO IGNORA A TENDÊNCIA DE REGRESSÃO À MÉDIA?

Os perspicazes Tversky e Kahneman, enquanto observavam o treinamento de pilotos de avião, em Israel, tiveram um novo *insight* sobre o comportamento do investidor. Eles perceberam que, depois de fazer uma aterrissagem perfeita – e ser elogiado por isso –, o piloto fazia outras aterrissagens menos belas na sequência. Ao mesmo tempo, o camarada que tinha feito uma aterrissagem péssima – e levado a devida esculhambação do sargento – melhorava nas subsequentes. Será que elogio estraga mesmo, e o que funciona para modificar comportamento é passar um pito homérico ou punir de alguma forma?

Aparentemente, nossos heróis, Tversky e Kahneman, não se convenceram com essa explicação rasa. Afinal, na faculdade de psicologia, a gente aprende logo de cara que *reforço positivo*[54] é a chave para mudar efetiva e duradouramente os comportamentos. Como eles também tinham formação estatística, logo recorreram a esta ferramenta: "Ahá!, se não é a velha tendência de regressão à média em ação!"

Explicação rápida: quando representamos num gráfico uma curva de distribuição normal, que forma aquele U invertido, ou uma espécie de sino, com as extremidades se aproximando do eixo inferior, estamos expressando a raridade dos eventos extremos, isto é, quanto mais perto do eixo, menor sua frequência, ao contrário dos eventos mais frequentes, que constituem a média e se localizam no centro – e no alto – do gráfico.[55]

Tudo isso para dizer que, se existe uma *média*, é porque os eventos, quando repetidos, tendem a se aproximar dela, e, dessa forma, chegam a constituí-la. Em outras palavras, eventos raros, seja em que direção for, também tenderão a voltar à média – se assim não fosse, não poderia haver média, certo?

De volta aos pilotos, e daqui a pouco aos seus investimentos. Tversky e Kahneman viram no exercício dos pilotos – e no algo desajeitado encaminhamento dos treinadores, que queriam passar a dar bronca depois de sucesso e elogiar fracassos, numa fútil tentativa de brigar com a matemática – essa tendência de regredir à média. E logo trouxeram a observação para o campo das decisões econômicas.

Responda rápido: quando você vê uma ação subindo, não "pensa",[56] quase instintivamente, que ela deverá subir ainda mais? E quando está em baixa, sua reação imediata não é acreditar que seguirá assim? Nos dois casos, você estaria contrariando a estatística, pois o que já subiu bastante tende a cair; e o que está pouco valorizado é que tem mais chance de subir e trazer ganhos mais expressivos – tudo isso, é claro, guardadas as devidas considerações a respeito do contexto mais amplo de cada ação. Não vale tentar aplicar essa regra a ações de uma empresa que está falindo e sem perspectivas de recuperação. Pelo menos no curto prazo, já que quem vai saber o que pode suceder um pouco mais à frente?

É RUIM QUE EU ME DEIXO INFLUENCIAR!

Mais de vinte anos atrás – por isso aproveitem para lembrar como o preço dos imóveis nos Estados Unidos andou meio bizarro até o estouro da bolha... –, Northcraft e Neale,[57] da Universidade do Arizona, fizeram o seguinte experimento: corretores de imóveis visitavam uma casa, depois de receber dez páginas de informações sobre ela, que incluía um valor de 65.900 dólares. Quando solicitados a formular estimativas de valor, a média do grupo ficou em 67.800 dólares. Já outro grupo, equivalente e que visitou a mesma casa, recebeu antes as mesmas informações, com uma única diferença: 83 mil dólares para o preço. Quem adivinha? Claro, desta vez, a média ficou em 75.190 dólares.

Difícil não pensar no poder da *âncora* (cf. p. 53) sobre nossas estimativas, não?

E já que estamos no tema "influência", veja só esta:[58] o que eclipses (solares e lunares) têm a ver com o mercado financeiro? Gabriele Lepori, da Copenhagen Business School, escolheu esses fenômenos, há milênios temidos pela humanidade, e hoje bastante visíveis, não apenas no firmamento, como também na mídia, porque eles acontecem em todo o planeta, durante um curto espaço de tempo.

Primeiro, reuniu as datas de todos os 362 eclipses solares e lunares visíveis em algum ponto do globo entre 1928 e 2008. Depois, analisou esses eventos em relação a quatro índices do mercado acionário norte-americano: Dow Jones Industrial Average; S&P 500; New York Stock Exchange Composite; Dow Jones Composite Average.

Sua intenção era estudar os efeitos de comportamento supersticioso sobre o mercado financeiro. Assim, computou os retornos médios diários para cada índice e comparou os retornos dos dias com eclipse com os demais. E achou: um efeito pequeno, porém persistente – nos três dias em torno de um eclipse, três dos quatro índices apresentavam retornos abaixo da média, em cerca de um sétimo de 1%, mas o que surpreende é que a redução estava sempre lá.

E mais – quanto maior a magnitude do eclipse, maior a probabilidade de se demonstrar seu efeito sobre o desempenho das ações. E se o eclipse tivesse ocorrido em dia de semana, quando a Bolsa estava operando, o efeito era maior do que se tivesse acontecido no fim de semana.

Por outro lado, as ações se recuperavam rapidamente nos dias que se seguiam ao eclipse – como se o mercado reconhecesse que a queda anterior se devera a uma mão irracional!

Lepori denominou o fenômeno "efeito reverso", enquanto outros dizem que pode haver aí oportunidades para arbitragem. Naqueles cálculos que impressionam, o pesquisador chega à seguinte conclusão, partindo de uma condição hipotética de custo zero por transação: se alguém tivesse comprado e segurado o Dow Jones Industrial Average no final de 1928, teria multiplicado seu dinheiro 37 vezes; mas se tivesse comprado no mesmo período, mas vendido antes de cada eclipse, voltando a comprar logo em seguida, teria multiplicado por 55!

Mais uma pergunta que não quer calar: se, como parece fadado a acontecer, todo mundo passa a se dar conta deste fato, seu poder então cessa? Isto é, se todos passarem a tentar vender logo antes e recomprar logo depois de eclipses, a coisa perde a força, certo? Porque, nesse caso, teríamos a manada indo na mesma direção e a tal grande oportunidade de ganhar muito dinheiro, que surge quando se descola da massa para atuar em direção oposta, se dissiparia. O artigo lembra, por exemplo, que em 22 de julho de 2009, houve um eclipse total do sol, visível na Índia e na China. No entanto, naquele dia, o mercado de Xangai teve seu melhor desempenho em sete semanas!

Só que não custa nada lembrar que, no final dos anos 1920 – sim, pré e durante o grande *crash* de 1929 –, uma famosa astróloga de Nova York[59] costumava fazer veredictos super otimistas sobre a Bolsa que, até a penúltima vez, sempre se confirmaram... Incluindo-se aí a previsão de ganhos extraordinários no primeiro semestre de 29! (O *crash* definitivo ocorreu em outubro daquele ano, embora já houvesse sinais de que as coisas não andavam bem desde março, pelo menos.)

CAPACIDADE NEGATIVA

De modo geral, todo mundo odeia não entender as coisas e não saber as respostas para tudo. Esse sentimento chega a ser tão intolerável que acabamos por recorrer a alguns truques para evitá-lo. Um deles, claro, é acreditar que sabemos. Daí, dá-lhe arrogância, prepotência, "eu sou o cara" e aquelas coisas todas. Tudo furado. Tudo tentativa de cobrir o sol com a peneira. Tudo manifestação da nossa imensa dificuldade para conviver com a falta, com o vazio e com a ausência de sossego.

Mas essa inquietação também pode levar ao espírito investigativo – ir atrás de conhecimento, informações, dados, tudo que puder trazer possibilidades de completar o quadro cheio de lacunas até aquele momento. É isso o que guia, por exemplo, a ciência. Até aí tudo mais do que bem.

O problema é quando a insuficiência de conhecimento nos empurra para inventar lorota – como sempre, sem que a gente se dê conta de que é isso que está acontecendo...

Um método popular de emplacar um desses truques é enxergar padrões onde existe só acaso, só o aleatório. Que nada, a gente cisma que ali tem coisa e, em geral, só nós – e, no máximo, um grupo de escolhidos – temos acesso à chave que decifra tudo aquilo.

Na Psicanálise, a condição – dificílima... – de permanecer sem saber, até que alguma percepção verdadeira possa emergir, correndo até mesmo o risco de isso não acontecer necessariamente, é chamada de *capacidade negativa*.

O nome (capacidade *negativa*) assusta em tempos de louvar-se tudo que é *positivo* – pensamento, agenda, atitude na vida, o diabo a quatro – mas o galho é que, sem essa capacidade de aguentar não saber, a gente corre o risco de se iludir com o que parece conhecimento – mas não passa de obturar prematuramente as lacunas, impedindo, com isso, que perspectivas concretas alvoreçam em nossa mente.

Não tem muito jeito – tem que aguentar um pouco para poder colher frutos mais saborosos.

Sobre sentimentos

OTIMISMO EXCESSIVO

Antes de abordar este tema, é de bom alvitre eu impetrar um *habeas corpus* preventivo... Então, por favor, não vamos confundir otimismo *excessivo* com o otimismo que nos mantém vivos, animados, sempre querendo ir em frente e batalhando na vida. Claro que essa energia é ótima, desejável e uma delícia de sentir!

O problema é quando o otimismo toma o lugar do raciocínio, da análise mais clara dos fatos, da ponderação prudente – do *pensar*, em outras palavras. E passa a reinar, inconteste, condicionado apenas ao nosso desejo que, aliás, já vimos que é uma incógnita, para começo de conversa... Parece arriscado deixar nossas escolhas e ações nas mãos de uma instância tão volúvel e com ampla margem para inconsistências, não?

Como analogia, sempre que acontece um "acidente previsível" – quer dizer, se é previsível não seria propriamente um acidente, certo? –, essa questão do otimismo excessivo me vem à mente. Em 2009 tivemos mais um exemplo de desastre dessa natureza: a explosão de uma loja que vendia, sem permissão, fogos de artifício, em Santo André, na Grande São Paulo. Duas pessoas mortas, vários outros feridos, dezenas de casas destruídas, a rua inteira parecendo zona de guerra depois de bombardeio bravo. Para não falar de todos os sonhos e meios de vida daqueles infelizes vizinhos, destroçados porque um sujeito pensou o quê? Provavelmente, que *com ele* nada jamais aconteceria. Idem para o motorista bêbado que provoca acidentes, para quem faz sexo desprotegido, para o pessoal de Wall Street antes de setembro de 2008...

LOUCA PAIXÃO

E o que dizer de quem se apaixona por determinadas ações?

O que não é raro – pelo contrário, o mundo dos investimentos está cheio de criaturas que amam seus papéis além e acima de qualquer razão. Razão, aí, tanto no sentido de racionalidade, como de motivos.

Ama e pronto, e daí?, alguém tem alguma coisa a ver com isso? Não, não tem, no máximo é o seu próprio bolso que pode reclamar um pouco, certo? Porque quem ama quer ter o objeto amado por perto, não aguenta ficar longe, faz sacrifícios para manter a "relação", briga com quem não aceita aquele amor, e por aí vai.

Pois pode acontecer tudo isso com o investidor: apegado às suas queridas ações, torna-se surdo a qualquer apelo ao bom senso, caso tudo indique que deveria se desfazer delas, encontrando sempre argumentos em que se escorar para ficar em aparente paz com sua escolha.

Isso nunca é demais lembrar – parece que a sequência real-verdadeira é esta: primeiro, a gente encasqueta com alguma coisa, como uma ação ou outra aplicação qualquer; depois, forra com argumentos aparentemente lógicos e, de preferência, imbatíveis, para tentar justificar as razões para aquela opção; mas, de fato, pode desconhecer inteiramente a verdadeira motivação para seu comportamento de escolha. É só porque ninguém aguenta muito se perceber esquisitão, incoerente, inconsistente e todas essas coisas menos airosas que indicariam que não habitamos o Olimpo – ao contrário, somos meros e imperfeitos mortais.

Portanto, atenção! Como qualquer paixão, este tipo, de paixão por determinados investimentos, também pode ter prazo de validade, e mesmo se transformar, depois, em profundo ódio. Relembrando: intensidade não garante, de modo algum, veracidade!

CONTRA A MARÉ SE QUISER GANHAR DINHEIRO – VOCÊ AGUENTA?

Dois especialistas em Finanças Comportamentais[60] fizeram um estudo sistemático dos sentimentos dos investidores em relação a ações. "Descobriram" que as pessoas se sentem bem a respeito de ações que estão subindo (*winners*) e se sentem mal com ações que estão caindo (*losers*). Até aí morreu Neves, retruca você? Em termos, se você considerar que haveria, portanto, uma tendência geral a adquirir as ações "amadas", ao passo que às "mal-amadas" – ou odiadas, como eles as chamaram – caberia o desprezo. Pois não é que foi justamente o desempenho destas últimas que se mostrou mais positivo ao longo do tempo?

Os pesquisadores fizeram estudos comparativos durante alguns anos, cotejando portfólios de ações que tinham sido *winners* e *losers* no período anterior, e verificaram que ações individuais podiam ter o mesmo padrão que o mercado como um todo, ou seja, pessimismo precedendo subidas e otimismo precedendo quedas. Em três anos, portfólios de *losers* chegaram a bater o mercado em 19,6%, enquanto as *winners* ficaram 5% abaixo delas.

É isso aí: uma das maneiras de ter sucesso nos investimentos é ter força interior suficiente para ir contra a manada – tanto a externa, composta pelos outros investidores, quanto a interna, dos seus próprios impulsos, sempre desejosos de percorrer os mesmos e conhecidos caminhos para aliviar a tensão interna. Por exemplo, apegando-se ao que é gostosinho na hora – ações que estão subindo –, e evitando o que parece pouco glamoroso no momento – ações que estão caindo. Só que se todo mundo ficar submetido a estas mesmas coordenadas, ficará mais difícil obter um diferencial para seus investimentos.

Não tem jeito. Precisa correr o risco de ser e fazer diferente, e aguentar as repercussões que isso implica. Não é para todo mundo, como o próprio mercado nos demonstra.

XÔ, LAGARTO!

Um outro autor,[61] que além de ser estudioso da interface biologia, economia e finanças, também é diretor de uma *asset*, com larga experiência no mercado financeiro, afirma – explicitamente – que "os mercados são malvados"... Ele argumenta que, por termos um "cérebro de lagarto", isto é, que funciona de modo primitivo e adequado às condições de vida encontradas nos primórdios da espécie humana, e que prevalece sobre as funções mais racionais, adquiridas tardia – e precariamente –, estamos condenados a atuar fora de sintonia com os sofisticados mercados financeiros contemporâneos. Para ele, só mercados racionais não seriam "malvados" – contudo, o que temos são mercados irracionais...

Ele parece até aflito quando resume[62] como os investidores costumam entrar pelo cano no mercado financeiro em função dessa herança ancestral. A seguir, seus principais pontos de alerta:

- A parte mais primitiva – e prevalente – de nossa mente, o tal "cérebro de lagarto", destina-se a olhar para trás, enquanto investir demanda um olhar para o futuro, a fim de antecipar os eventos que ocorrerão, de modo que, dominados pelo lado primitivo, ficamos otimistas nos momentos de pico do mercado, ou seja, *depois* de subidas, e pessimistas nos momentos de baixa, após as quedas; no entanto, essa atitude não ajuda a prever o futuro – embora isso fosse útil para nossos antepassados, ocupados com a sobrevivência imediata.

- Para tarefas regulares, como a caça ou a coleta de alimentos, era importante descobrir padrões que se repetiam – onde determinados animais podiam ser frequentemente encontrados, quais árvores davam mais frutos etc. –, mas informações dessa natureza não são úteis quando estamos no mercado financeiro; aqui, outros fatores exercem grande influência, tais como a direção dos demais investidores, o *cisne negro* (eventos raros e inesperados) e sua própria disposição afetiva no momento de escolher.

- Diferentemente, portanto, de tarefas ancestrais, quando o que havia funcionado melhor no passado importava para as escolhas e ações presentes, investir exige que se esteja um passo à frente dos demais, de modo que, neste caso, não há relação estável entre informação e o melhor comportamento.

Para esse autor, a única regra importante para investir é prever o que todos os outros estão fazendo e, então, adotar estratégias que tirem proveito daqueles comportamentos. Por outro lado, se o investidor ou faz aquilo que lhe ocorre naturalmente, ou se apega a regras rígidas e fixas, torna-se vulnerável a que os outros se aproveitem desse estilo mais ingênuo. Ele reitera: para ganhar dinheiro, é preciso conter nossos instintos, uma vez que o sucesso financeiro dependeria dessa supressão de respostas automáticas aos estímulos. Em outras palavras, tranca o (cérebro de) lagarto e joga a chave fora!

O PODER DA BALA – E NÃO É A DO FUZIL!

Somos ou não vulneráveis ao poder de nossas emoções?

Para quem ainda é cético, aqui vai mais uma pequena evidência – no mínimo, de fragilidade psíquica do ser humano –, embora seja sempre bom lembrar que, como inerentemente frágeis, temos também uma enorme força, uma vez que cá estamos, sobrevivendo há tantos milênios. Sobre a qualidade dessa sobrevivência... bem, aí já são outros quinhentos, nosso planeta e demais espécies que o digam, mas isso, embora de importância fundamental para todos, é história para uma outra hora.

A questão aqui é: você acredita que se torna mais otimista se ganhar umas balinhas? Duvida um pouco? Bem, isso já foi testado:[63] os pesquisadores ofereciam um pacotinho de balas aos sujeitos, "para induzir afeto positivo" e, em seguida, lhes pediam para fazer escolhas simples – e constataram que as balinhas singelas, deixando-os, presumivelmente, mais felizes, de fato resultavam em previsões mais otimistas. Ao mesmo tempo, reduziam seu apetite por risco, provavelmente porque não desejassem alterar seu estado de espírito positivo incorrendo numa possível perda.

Tudo isso é interessante, sem dúvida. Mas o que me pega mesmo nessa história toda não é tanto o poder das balinhas – afinal, seriam elas tão poderosas assim? –, mas a delicadeza, ou, em português mais claro, a precariedade da nossa vida psíquica, que se deixa afetar por estímulos tão prosaicos. Não precisamos nem sequer pensar no óbvio – como é fácil manipular gente! – se nós mesmos já nos atrapalhamos suficientemente por conta própria...

A ANGÚSTIA DO GOLEIRO NA HORA DO PÊNALTI E O VIÉS DE AÇÃO

Quem é do ramo – das peladas, Copa do Mundo, Brasileirão e companhia limitada – sabe de um pequeno segredo que mulheres desconhecem, em especial as mais velhas, que não tínhamos o hábito de jogar futebol, como hoje acontece cada vez mais com garotas brasileiras (entre as norte-americanas, já faz tempo que o esporte é popular, muito mais do que entre os homens, aliás): diante do pênalti, o goleiro adota como "regra de decisão", por assim dizer (cf. p. 111), pular para um dos lados antes mesmo que a bola seja chutada. A alegação é que não dá tempo, depois do chute lançado, de observar a direção da bola e só então fazer a opção. Portanto, é apostar num dos lados e entregar a Deus...

A polêmica em torno de uma reclamação do Rogério Ceni, goleiro do São Paulo, dia desses, a respeito da tal "paradinha" de quem vai chutar o pênalti, me fez pensar se não seria em função dessa estratégia. Se o cara demora um tiquinho mais para mandar a bola, o goleiro pode ficar lá no canto do gol com cara de trouxa? Bom, se não for nada disso, não reparem, mas eu não entendo nada de futebol mesmo...

Melhor voltar para a psicologia econômica! Cinco pesquisadores israelenses da área psicoeconômica[64] também ficaram intrigados com esse negócio de pular antes da hora, uma vez que, pela lógica, pela distribuição de probabilidade, o melhor seria permanecer no centro do gol, de onde se poderia cobrir uma área maior. Além disso, também lembraram que os jogadores são premiados quando ganham partidas, o que deveria, igualmente, levar os goleiros a dar "o melhor de si", como todos gostam de afirmar aos microfones, no final do jogo, dentro de uma perspectiva de reforço positivo.

Para desvendar o mistério, eles foram a campo – quase literalmente. Observaram pênaltis com goleiros dos melhores times mundiais em vídeo e, depois, os entrevistaram. Descobriram que é preferência mesmo: eles preferem pular a ficar parados no meio do gol, apesar dessa estratégia não garantir melhores resultados – em linguagem econômica, não *otimiza a utilidade dessa decisão*.

A estratégia garante, por outro lado, seu lugar como *erro sistemático*, e como tal, refratário ao aprendizado com a experiência, como legítimo fruto da heurística "na hora do pênalti, é pior ficar parado" – no caso, pior do ponto de vista emocional, da angústia que dá perder o pênalti porque "não fez nada", deixando de lado, claro, o fato de que pular aleatoriamente só tapa o sol com a peneira, já que se mostra pouco eficaz como medida defensiva. Aparentemente, o pênalti só não é marcado se calhar de irem na mesma direção e na mesma hora, goleiro e bola...

Agora, o que isso tem a ver com seus investimentos: indo direto em quem "pula" o dia inteiro, o *daytrader* – como suas operações constantes ficam sujeitas a inúmeras taxas e impostos, há muita dúvida sobre a otimização da utilidade dessa estratégia, para falar em "economês", ou em português claro, se o retorno obtido realmente compensa tanta negociação. A outra hipótese, que privilegia o campo psíquico, tentaria explicar esse comportamento de outra forma: coceira emocional, que começa a dar quando se sente um tipo de vazio, a aflição que cresce com a leve noção de que não dá para conhecer o futuro e, ao mesmo tempo, sentir que não está fazendo nada, pior ainda, que pode estar perdendo altos negócios por isso, tudo resultando numa espécie de febre para agir, seja na direção que for, uma quase impossibilidade de ficar sossegado. Naturalmente, e como sempre, justificativas de qualquer ordem recobrem esse comportamento como uma espessa calda – não é de chocolate, nem caramelo, está mais para a nossa cara frase de cabeceira: *a razão é escrava da emoção e existe para racionalizar a experiência emocional...*[65]

E também não precisa ser só o *daytrader*. É comum investidores terem essa sensação de que estão fazendo pouco por seus investimentos, ou serem presas de desconforto ao escutar que fulano ou beltrano está ganhando montanhas de dinheiro e, como consequência, experimentar essa urgência para trocar de investimentos, comprar ou vender sem saber bem por quê – e tudo sem analisar com o devido cuidado as condições da operação e sua real finalidade.

Macroeconomia emocional

Eu confesso outra vez: o título acima foi só para despertar sua atenção! Na verdade, vamos falar de um experimento em macroeconomia,[66] coisa escassa nesse ramo, que destacou a importância do peso emocional das informações para se fazer previsões de eventos econômicos futuros.

Foi assim: o pesquisador, que é alemão, partiu da seguinte hipótese: "a maneira como informações econômicas são apresentadas na mídia pode influenciar a previsão dos leitores sobre eventos futuros" e, em particular, isso se daria quanto maior a *saliência* (destaque) emocional das notícias, de modo que até aquelas pouco relevantes poderiam exercer grande influência, desde que emocionalmente carregadas. Para completar, ele acreditava que esta dinâmica poderia ajudar a explicar flutuações macroeconômicas.

Assim, ele partiu com três indagações embaixo do braço:

1. Que tipo de notícias leitores de jornais consideram relevantes para a macroeconomia?

2. As pessoas reagem a pistas consideradas irrelevantes do ponto de vista da teoria econômica?

3. Que papel o conhecimento sobre Economia tem nesse processo?

E montou sua pesquisa.

Primeiro, criou manchetes de jornal fictícias (depreciação do euro; derramamento de óleo na costa alemã; uma grande reforma tributária; realocação de uma fábrica DaimlerChrysler no exterior; fechamento de bases militares; ataque terrorista a bancos em Frankfurt), e apresentou-as aos participantes da pesquisa em dois formatos: um mais objetivo e direto, e outro mais detalhado e afetivamente nuançado, embora esses dados não fossem realmente relevantes, e os dados fossem os mesmos nos dois formatos.

Seus sujeitos eram estudantes de Economia e de Administração de Empresas, que deveriam estimar as consequências dos eventos relatados nas manchetes sobre cinco variáveis macroeconômicas: PIB, índice de inflação, taxa de desemprego, vendas, Bolsa de Valores alemã. E os resultados confirmaram suas hipóteses: quanto maior o peso emocional das notícias, mais enviesadas as previsões na direção proposta, por exemplo, quando mais pessimista, como no caso do ataque terrorista, a previsão ficava mais "afetiva", isto é, chegando a desconsiderar aspectos da realidade. Eventos concretos, isto é, mais fáceis de imaginar, como o derramamento de óleo, também receberam peso maior nas previsões, mesmo quando não seriam mais relevantes do que outros, apenas de visualização mais abstrata, como a depreciação do euro. E ainda: houve diferença entre as respostas dos estudantes de Economia e as dos de Administração, com os primeiros mais objetivos em suas avaliações. Mas... só até a página 3!

Se o peso emocional das notícias era maior, mesmo esses futuros economistas esboçavam dúvida, parecendo estar em conflito interno, o que pode significar que, apesar de habilitados para fazer análises cognitivas adequadas, sofriam a pressão emocional que o tom da informação transmitia e experimentavam uma espécie de impasse.

Então, se até quem é treinado pode se "embananar", imagine pobres mortais, como o investidor, super emocionalmente envolvido com suas queridas aplicações?

PSICANÁLISE E FINANÇAS – LITERALMENTE: AGORA É NA VEIA!

Rumo ao final do livro, acredito que você, leitor, já esteja preparado para uma discussão ainda mais radical em torno no nosso funcionamento mental e suas implicações para os investimentos e decisões econômicas em geral. Aqui vai ela, então. E depois não diga que eu não avisei!

Eu brinco que, em 2008, encontrei minha alma gêmea acadêmica! Trata-se de David Tuckett, um psicanalista britânico que eu nunca conheci pessoalmente, embora tenhamos trocado alguns e-mails depois que Cássio Segura, que então participava do meu curso, fez a imensa gentileza de me enviar a notícia que saíra no *Financial Times*, dando conta de que uma dupla composta por psicanalista, Tuckett, e professor de finanças, Taffler, vinham investigando o comportamento do mercado financeiro à luz de teorias psicanalíticas. Mal contendo meu entusiasmo, localizei o Tuckett no Google e lhe escrevi de imediato. Também gentil, ele me enviou seu artigo, com o colega,[67] relatando uma pesquisa em andamento com diretores de grandes *assets*.[68]

O que me deixou particularmente feliz foi reconhecer nessa abordagem o tipo de exame que eu vinha propondo, ainda de forma solitária, havia mais de uma década, desde que comecei, lá atrás, em 1994, a discutir o papel das emoções nos fenômenos econômicos. E que continuava a defender, mesmo que diante de olhos e ouvidos algo incrédulos, ao longo de todo esse tempo. Agora, com Tuckett e Taffler abordando essas questões de maneira tão convergente à minha, eu me sentia mais reassegurada – afinal, eu também sou filha de Deus e quero meu quinhão de pertinência ao grupo humano! Alguns meses depois, com a crise, nossa visão compartilhada veio a receber novo aval, com a perplexidade generalizada abrindo as mentes para buscar novas análises para a recém-estourada bolha. A seguir, um resumo desse modo combinado de enxergar a instabilidade do mercado, que brotaria da ambiguidade e incerteza na avaliação das informações, dando ensejo, assim, a diversos tipos de respostas por parte dos agentes econômicos.

A ideia geral que Tuckett e Taffler propõem é a seguinte: investir em qualquer tipo de *asset* é como criar uma relação objetal fantasiada, inconsciente e ambivalente. Essa relação favorece a instalação de um tipo de dependência, internamente, que, por sua vez, gera ansiedade e desconfiança – mas essas emoções ficam apartadas da consciência, e quando voltam, no momento do *crash*, implicam um sentimento de vingança, inundando o indivíduo de sentimentos penosos.

A reação costuma ser de atribuir a culpa a terceiros, o que não contribui para a possibilidade de se aprender com aquela experiência, já que essa evolução exigiria assumir a própria parcela de culpa e de dor no processo. Com essa análise, pretendem iluminar melhor os motivos pelos quais a teoria de maximização de utilidade não se aplica adequadamente às situações que envolvam informações ambíguas, que criariam, por sua vez, sentimentos ambivalentes nos agentes econômicos.

Ficou difícil de acompanhar? Vamos tentar esmiuçar o raciocínio dos autores, para ver se melhora.

Os agentes podem antecipar muitos resultados futuros possíveis, no sentido de ganhos e perdas, mas a incerteza adiciona às suas reações às informações uma dimensão de fantasias inconscientes, carregadas de emoções, determinando, assim, o modo como a realidade será percebida. Riscos, por exemplo, poderão ser avaliados conforme o estado de espírito dominante naquele momento – ou seja, a avaliação pode variar, mesmo na ausência de mudanças concretas no cenário.

Tuckett e Taffler propõem que comprar e vender *assets* envolveria o estabelecimento de relações ambivalentes com objetos imaginários, que representariam a criação, manutenção ou ruptura de vínculos emocionais com os investimentos, e consequentes repercussões psíquicas. Portanto, avaliar a realidade, a relevância e o retorno futuro provável de um investimento potencial seria influenciado – para além de fatores concretos – também por elementos inconscientes, que abrangeriam fantasias contemplando excitação, voracidade, ansiedade e culpa, bem como defesas contra esses afetos, devido à dor psíquica que infligem.

É o desenho que encontramos na formação e no estouro de bolhas, por exemplo: primeiro, o entusiasmo com alguma inovação, a excitação crescente até atingir a euforia, para então se transformar em pânico e, por fim, em culpabilização. Quanto mais prolongado o entusiasmo inicial, maior a probabilidade de vir a se converter em otimismo e confiança excessivos, característicos da euforia, quando objeções são sumariamente descartadas – até sobrevir o pânico. O final também é um clássico: ir atrás de bodes expiatórios...

Em seu trabalho, depois de constatar a presença desses elementos comuns, os autores se indagam por que um grande número de agentes econômicos parece incapaz, durante uma bolha, de usar informação relevante para avaliar a crença generalizada de que alguma coisa "fantástica" está acontecendo, e por que raiva, culpabilização de terceiros e busca por bodes expiatórios surgem depois do estouro da bolha, no lugar de sentimentos de responsabilidade e culpa. Eles também se surpreendem com o fato de que as informações disponíveis para a avaliação de risco e precificação de ativos, por parte dos agentes, não muda de forma significativa durante a formação da bolha, pois o que parece mudar, de fato, é o seu estado de espírito frente aos dados.

Por exemplo, o que teria havido, de concreto, na célebre quinta-feira negra de outubro de 1987, quando o Dow Jones perdeu um quinto de seu valor em um dia? Ou o que deu aos investidores a ideia de que ganhariam muito dinheiro com as ações das empresas "pontocom" durante a bolha da internet? Ao longo de seus cinco anos, de 1995 a 2000, quando a bolha desmoronou, as empresas de internet não escondiam, propriamente, sua condição de estar perdendo dinheiro e com quase nenhuma perspectiva de ganhos no horizonte. Assim, era como se os investidores soubessem que estavam comprando "companhias com poucos *assets*, reduzido registro de desempenho, previsão de perdas futuras e um monte de esperanças".[69] Em outras palavras, do ponto de vista cognitivo, não se pode dizer que aqueles investidores fossem ingênuos. Por isso, chama mais a atenção o fato de que, de uma hora para outra, tenham parecido desistir de acreditar no que tinham acreditado por uns bons anos!

Meio parecido com o que aconteceu na crise de 2008: após os solavancos de agosto de 2007 e janeiro de 2008, e mesmo a quebra do Bear Sterns – tudo isso os investidores absorveram, e seguiram acreditando na cornucópia mágica do mercado, coalhado de intrigantes inovações financeiras (que vieram a se revelar do tipo da carochinha, quando não das mais grosseiras fraudes) –, foi só com a quebra do Lehman Bros., em setembro de 2008, que a confiança coletiva finalmente desmanchou-se, jogando por terra, em efeito dominó, todo o mercado financeiro das economias desenvolvidas. Por que essa consciência – tardia – de que as coisas estavam insustentáveis apenas no fatídico 15 de setembro?

Tuckett e Taffler apontam suas explicações para a direção dos *objetos fantásticos*, ressaltando o uso da expressão "objeto" conforme postulada na filosofia: uma representação mental, um símbolo que fica no lugar da coisa em si (e que se contrapõe àquele que a representa, o *sujeito*). Já o "fantástico" viria da concepção de Freud de uma cena imaginária na qual quem elabora a fantasia é o protagonista do processo de ter seus desejos inconscientes realizados. Desse modo, o "objeto fantástico" representaria, na mente daquela pessoa, alguma coisa ou alguém que, numa cena imaginada, preenche seus mais profundos desejos de ter exatamente o que ela quer, exatamente da forma que ela quer. Mais ou menos a sopa no mel elevada à quinquagésima potência! Ou a mais inebriante onipotência de sentir-se, no mínimo, o rei da galáxia.

Para os autores, a inovação do momento – derivativos, hipotecas de *subprime*, ações de internet, dos mares do sul ou de tulipas[70] – seria inconscientemente revestida das qualidades do objeto fantástico, o que explicaria todo o desmedido entusiasmo em torno dela. Nessa condição, pode quebrar regras, botar a realidade de ponta-cabeça, tornar (ilusoriamente) factível o que sempre foi considerado impossível, disseminando a excitação e a voracidade, já que se faz acompanhar de uma certa "paranoia" de que os outros já estão se dando bem, pois conseguiram aquela satisfação mágica antes.

De fato, fantasias assim tão poderosas assumem o lugar de cálculos realistas e de um julgamento mais cuidadoso dos fatos, amparadas também pelo próprio caráter fantasioso dos "maravilhosos" produtos que dessa forma excitam a imaginação de (quase) todos. Se examinados com um mínimo de rigor, derivativos baseados em crédito duvidoso, pirâmides do tipo Madoff ou ações "pontocom" da década de 1990 não resistiriam ao escrutínio de especialistas, autoridades ou investidores experientes – embora tenhamos sempre visto o oposto ocorrer. Seria por que os agentes, no lugar de *pensar* sobre os investimentos, os *sentiam* como sendo bons, adequados e promissores?

E, à medida que o *sentimento* – e não o raciocínio – se espalhava, expectativas cada vez mais extraordinárias eram geradas, em paralelo com a demanda crescente por aqueles produtos, de modo que os preços subiam de forma exponencial – isto é, fantasias dessa natureza, cheias de desejo, acabavam por se converter em fantasias autorrealizáveis, visto que cada vez mais investidores desejam possuir os produtos, desequilibrando a proporção entre compradores, em maior número, e vendedores, em menor quantidade, e elevando os preços. Preços mais altos, por sua vez, sinalizam a qualidade do produto e atraem novas levas de investidores – pelo menos até tudo se mostrar puro fruto de delírio coletivo...

Antes que isso suceda, contudo, os primeiros a aderir à onda estão tendo retornos formidáveis – à custa dos que entram mais tarde e que vão pagar o pato no final –, mas aqueles ganhos polpudos começam, então, a fazer cócegas nos mais céticos dos administradores de *assets* e outros *players* do mercado, que terminam aderindo também. Sem esquecer que investidores individuais também pressionam seus gestores, pois não querem ficar de fora da festa em hipótese alguma!

Em meio à barafunda toda, é como se a realidade se invertesse: a percepção da realidade fica subjugada pela pressão de realizar desejos, uma "história", em geral avalizada por autoridades, dá uma roupagem superficialmente justificável à "loucurama" que está rolando solta, ouvidos se fazem moucos aos alertas de que há risco na jogada – o mais importante, agora, é não perder oportunidades de ganhar rios de dinheiro, rápido e beeeeeeeeeem no mole, de preferência!

Enquanto isso, o que acontece com a capacidade de entrar em contato com a realidade e de se preocupar com perigos, riscos de perdas e incerteza? Nesse mundo excitado, em que objetos fantásticos recobrem inovações com a promessa de ganhos infinitos, o comportamento do mercado passa a ser regido pelo princípio do prazer, como acontece com as massas (cf. p.35 e segs.). Prevalece, agora, a modalidade de julgamentos guiados pela busca de prazer imediato, com desprezo pelo que impede isso. A percepção de risco também segue o novo figurino: informações que poderiam gerar ansiedade e outros sentimentos desagradáveis são cortadas fora da consciência.

É nesse cenário psicológico que o *objeto fantástico* pode reinar como se fosse real – e o mais alarmante – sem produzir angústia. Isso é inquietante porque a angústia atua como um aliado nosso ao sinalizar o que não vai bem, para que possamos, então, cuidar do problema e buscar um encaminhamento para ele. Porque é claro que tem um custo viver no mundo da fantasia à prova de qualquer alarme: as percepções que foram eliminadas da consciência encontram abrigo no inconsciente, e de lá ameaçam retornar. Assomando do nível inconsciente, os objetos fantásticos se transformam em objetos aterradores e monstruosos.

Ok. Mas por quê, então, a gente entra numa fria dessas?, você pode perguntar. Bom, a coisa é um pouco mais complicada do que simplesmente buscar prazer e evitar dor. Então, para começar, vamos combinar: a vida não é mole não, certo? Para nós, psicanalistas, todos carregamos sempre, enquanto vivemos, uma certa carga de conflito interno. É inerente a nós e só cessa quando morremos. Sua intensidade pode variar, mas que ele está sempre presente, isso é batata. Pois bem, um aspecto desse conflito diz respeito, justamente, à nossa dificuldade para aceitar plenamente a realidade conforme ela se apresenta. Porque ela nunca poderá ser feita sob medida para cada um de nós, já que todos a compartilhamos, certo?

Tornar-se um adulto maduro é, também, chegar a bom termo com esse fato. A criança se recusa a aceitar limites, voa na imaginação, quer tudo na hora, esperneia se não consegue, não capta direito a finitude e a morte. Amadurecer, então, seria superar esse estágio primitivo – ou, pelo menos, superar tanto quanto possível, já que em muitos momentos nos pegamos de novo crianças mimadas, desconsoladas, inseguras, apavoradas... e acreditando em Papai Noel e em coelho da Páscoa, é claro!

Em outras palavras, nunca ficamos inteiramente confortáveis – e conformados – com os ditames da realidade.[71] Abrir mão da onipotência é sempre um longo e árduo processo – e nunca completo. Oscilamos, e a aceitação da realidade e de nossos próprios limites se mostra um tanto quanto ambivalente, volátil e instável. Sim, são as mesmas palavras tão frequentemente empregadas para descrever também a evolução do mercado financeiro, não é mesmo? E não, não é coincidência! Os movimentos do mercado podem traduzir as oscilações internas de seus integrantes. E elas são coloridas pelo conflito que Tuckett e Taffler resumem da seguinte forma: de um lado, o que o indivíduo sabe, de forma realista, que é verdadeiro, e de outro, o que ele deseja, mas sabe que não é realista, então fica à margem, em segredo, seja em relação aos outros, ou em relação a si mesmo – neste último caso, separado da consciência e mantido inconsciente.

Esse recurso de "cortar fora", empregado também para tentar se livrar de conflitos dolorosos, é bastante primitivo e tem custo alto: ao cortar fora a percepção da realidade, acaba indo junto o próprio sentido de realidade da pessoa! De acordo com Klein e Bion, mestres da psicanálise que avançaram as ideias de Freud, esse sentido de realidade é gradualmente adquirido à medida que se consegue, justamente, reduzir os mecanismos de divisão ou cisão, essas operações psíquicas que separam o mundo entre "mocinho" e "bandido", por exemplo, ou "anjos e puros" vs. "eixo do mal" etc. – inclusive com relação aos diversos aspectos da própria personalidade. Ao contrário, a integração dos diferentes lados, bons e maus, criativos e destrutivos, de todas as pessoas e situações, é que permite um sentido de realidade mais profundo, com a condição para captar a ambivalência ganhando papel de destaque na vida psíquica.

Resumindo, *dividir* é um mecanismo mais rudimentar e responde a angústias primitivas de tipo persecutório, ao passo que *integrar* implica maior desenvolvimento psíquico e renúncia aos sentimentos de onipotência e onisciência, com maior consciência dos conflitos e envolvendo angústias de tipo depressivo: afinal, ser capaz de enxergar, além da complexidade da vida, sua própria parcela de responsabilidade no que não deu certo, e a possibilidade de repetir, futuramente, comportamentos que levam a sofrimento e fracasso – já que ninguém é super-homem, nem está acima do bem e do mal –, não é bolinho, não! Não surpreende, portanto, que o primeiro caso, denominado *posição esquizoparanoide*, seja mais prevalente em todos nós, enquanto o segundo, a *posição depressiva*, seja mais rara de encontrar. Sim, quem se ligou nas discussões anteriores que envolveram psicanálise neste livro ou em outro lugar acertou se viu convergência entre este modelo e aquele postulado por Freud, que ele chamou de dois princípios do funcionamento mental: *princípio do prazer* e *posição esquizoparanoide* convergem da mesma forma que *princípio da realidade* e *posição depressiva* o fazem.

De volta ao mercado financeiro!

Como o pânico de bolhas e *crashes* parece indicar – porque tem pânico nos dois momentos, certo? –, na formação das bolhas, quando os investidores como que se aglomeram, querendo entrar todos ao mesmo tempo, no desespero de conseguir o quanto antes, e idem na saída, na hora da quebradeira, que é mais óbvia, todo mundo querendo vender para sair o mais rápido possível –, o comportamento psíquico de seus integrantes encontra-se, a maior parte do tempo, na posição esquizoparanoide.

Nesta posição, como vimos, impera a cisão – os sentimentos desagradáveis são evitados por meio de uma fantasia de que são os outros que os experimentam, nunca a própria pessoa, e as informações acumuladas tem apenas o propósito de proporcionar conforto e bem-estar. É o oposto da posição depressiva que, embora aparentemente mais árdua do que a outra, uma vez que implica contato com o que é doloroso, traz, na verdade, oportunidade para alívio, pois permite que os erros sejam examinados e, portanto, o rumo corrigido e os danos reparados, tanto quanto possível. No fim das contas, nessa posição acaba-se tendo menos ansiedade e desconfiança, com um estado de conforto interno bem maior do que na precedente.

Da mesma forma, grupos também podem operar de maneiras distintas, com consequências para o modo como poderão ou não pensar e avaliar a realidade: o grupo de trabalho é mais maduro e eficiente – e igualmente mais raro; os grupos de suposição básica que já vimos (cf. p.43) predominam e são mais primitivos.

O modo como lidam com informações verbais também é diferente. Na formação de uma bolha, o sentido de realidade muda em função da crença no objeto fantástico, agora tomado como se fosse uma possibilidade real, levando à formação de um grupo de suposição básica. O grupo, representado pelos *players* do mercado, "pensa" de forma onipotente, visando apenas a realização de desejos e a obtenção de prazer imediato. Para isso, enviesa as informações para que lhe tragam a almejada satisfação. Da mesma forma, os conflitos em torno da percepção de risco são também separados da consciência, e só as informações que confirmam a excitação prazerosa são levadas em conta. Isso abre caminho para a busca do objeto fantástico – fica estabelecido que é muito menos arriscado investir nos novos produtos maravilhosos do que perder a oportunidade de fazê-lo –, e as avaliações dos agentes econômicos repousam, então, sobre seus sentimentos excitados e cheios de desejo, com a ansiedade como que deletada, relegada a um segundo plano (inconsciente) e, assim, incapaz de emitir qualquer alerta para as reais condições que, se examinadas por métodos tradicionais de avaliação, apontariam para a extrema fragilidade das evidências.

Como sempre, essa espécie de "alucinação coletiva" vem embrulhada nas histórias de costume, de como se trata AGORA de inovações, por isso os métodos e fórmulas antigos não se aplicam e por isso não dá para entender muito bem mesmo etc. E, como estamos no reino da "alucinação", as regras são outras mesmo! Aqui não adianta mostrar relatórios sóbrios e minuciosos, tentar escutar vozes dissonantes, análises céticas, inconsistências na raiz das promessas.

É um estado de espírito que ignora solenemente os pontos de vista que ameacem com frustrações. Ninguém "sente" interesse – com ênfase para o *sentir*, no lugar de *pensar* – por nada disso, como observam Tuckett e Taffler. Eles nomeiam esse estado como *antipensamento* e, citando Bion, ressaltam como difere do conhecer genuíno, caracterizado pela curiosidade, indagação e investigação. No antipensamento, o objeto ocupa e excita a mente dos indivíduos e do grupo, embora o objetivo não seja examiná-lo nem conhecê-lo de fato, mas apenas possuí-lo.

Em outras palavras, estabelece-se com o objeto uma relação de *voracidade* – traduzida para o temível *greed*, em inglês, que foi tão empregado na descrição da crise de 2008. Como todo o lado de preocupação real com a insustentabilidade dessa situação fica apartado da consciência, a evolução de uma bolha não se dá de forma elaborada, senão que todos os julgamentos prévios "alucinados" abruptamente passam a ser sentidos como irreais e irrompe o conhecido estouro, com compradores em número muito maior do que vendedores, e todos querendo se ver livres da encrenca o mais rápido possível. Como resultado, os preços despencam e os objetos fantásticos se convertem em produtos abomináveis, "podres", horrendos e dos quais todos só querem distância.

É a inversão consumada. Em linguagem psicanalítica, o "retorno do recalcado".

As dúvidas sobre a segurança dos investimentos e os conflitos sobre a conveniência de adquiri-los e mantê-los sempre estiveram presentes – mas estavam no porão da mente... No resto da "casa", eram só alegria e paixão idealizadas pelo objeto fantástico e sua promessa de trazer riqueza quase instantânea e prazer infinito. Quando a maré vira, o que tinha ficado recalcado no inconsciente volta à tona – e fazendo um barulho danado. Como o conteúdo recalcado sempre esteve lá, o investidor se sente particularmente atingido por essa ansiedade e desconforto generalizado, como se traído por si mesmo. Dá-lhe ir em busca de bodes expiatórios, agora, para tentar descarregar essa sensação de culpa em alguém e, assim, quem sabe, amainar um pouco o mal-estar, que é imenso!

O objeto fantástico vira persecutório. Não, ainda não se chegou, necessariamente, ao senso de realidade provido pela posição depressiva, que tolera frustração, conflito e limitações, consegue viver uma espécie de luto pelas perdas, mas mantém o pique de buscar consertar o estrago todo. No lugar de reações mais evoluídas, do ponto de vista psicológico, temos, no rastro dos *crashes*, a euforia anterior seguida por períodos de negação, raiva, ódio e esforços paranoides para encontrar os pobres bodes expiatórios... Responsabilidade e culpa não são verdadeiramente elaboradas, na dimensão interna dos agentes, e o foco se restringe ao âmbito externo dos processos judiciais – se tiver uma cadeia na jogada, então, melhor ainda, porque daí fica bem claro que "o" culpado, o bandido, o mau, teve o que merecia, enquanto que o resto dos "puros e inocentes", os bons, pobres vítimas nas mãos dos algozes, nada tiveram a ver com toda a encrenca. Como se nunca tivessem comprado aqueles agora "podres" ativos...[72]

É que dificilmente emerge um autoexame honesto em meio ao pânico. Nessa situação, mais fácil reinar apenas a ira e o desespero para encontrar terceiros culpáveis, sem nunca olhar para si mesmo.

Tuckett e Taffler também mencionam a arguta observação de Galbraith, feita, aliás, em 1993, ou seja, antes das bolhas da internet e do *subprime:* no lugar dos repetidos padrões de investigação empreendidos depois de bolhas, a única pergunta pertinente nunca é feita – como e por que pessoas sensatas são pegas por elas? Esse grande economista também aponta outro movimento em comum nessas ocasiões: personagens de sucesso, que eram vistos como gênios das finanças, agora se tornam, aos olhos da opinião pública, velhacos imorais e desonestos, que merecem nada mais do que a condenação. Olha o Madoff, entre outros, aí!

A coisa toda funciona como um caso de amor mal sucedido – depois do encantamento e da sedução iniciais, o sujeito se sente abandonado, ferido e meio idiota por ter caído naquela lábia –, e o amor vira ódio. Nessa condição, fica difícil avaliar o real valor, no nosso caso, não do "sedutor" em questão, mas das ações, bancos, imóveis e outras empresas e papéis envolvidos na bolha e, agora, no *crash*. E mesmo que a "alucinação" – seja na direção que for, de idealização, na formação da bolha, ou de demonização, após seu estouro – não seja partilhada por todos no mercado, o comportamento ativo de um grupo que acredita nela já é suficiente para influenciar os preços e contagiar todo o mercado, que então entra na "nova realidade".

O estouro, aliás, não vem em função de alguma nova informação. Durante a formação da bolha, a maior parte dos agentes nem sequer consegue usar informação relevante para avaliar o que está acontecendo! Por isso, o objeto fantástico "passa batido", inconteste, como se fosse real – exceto que temos, aqui, um outro sentido de realidade, isso sim... E se alguns se levantam para alertar ou duvidar da nova ordem das coisas, correrão o risco de perder seus empregos, caso sejam profissionais do mercado ou tenham algum posto de autoridade; ao ver esse processo se desenrolar, outros, que enxergavam de modo semelhante, temerão por seus próprios empregos e tenderão a se calar. O rolo compressor da "nova realidade" ganha força e vem com tudo, esmagando qualquer tentativa de contrapor outra visão.

É só quando as ansiedades reprimidas da maioria dos agentes irrompe na consciência que a relação com os novos investimentos, que sempre fora ambivalente, ganha a direção contrária, de modo que agora as mesmas notícias ganham outro colorido – encrenca, enguiço, angu de caroço e daí para baixo...

Os autores descrevem o estouro, então, como resultado não de novas informações, mas de um acúmulo de ansiedade mantida inconsciente, que vai sendo sentida como desconforto, apreensão, tensão, pressão, incerteza e fragilidade crescentes e cada vez mais agudos (e aqui eles citam Kindleberger, 2000), evoluindo para um período de grandes oscilações, até desaguar no retorno das ansiedades reprimidas, que levam ao *crash*.

Para complicar, vejam o que Tuckett e Taffler também encontraram em sua pesquisa com profissionais do mercado, realizada em 2007: de um lado, esses profissionais se viam levados a fundamentar suas decisões nas teorias econômicas e financeiras *mainstream*,[73] com todos aqueles seus postulados de racionalidade e otimização de utilidade, desde que amparados por todas as informações possíveis; de outro lado, porém, na vida real, eram confrontados – como ainda o são – com a necessidade imperiosa de tomar decisões rápidas a partir de uma inundação de informações ambíguas e incertas.

> Esses administradores profissionais de fundos entrevistados relatavam que a interpretação de informações do mercado financeiro se tornara uma espécie de seleção de sinais contraditórios – até porque, na rara eventualidade de depararem com situações claras e diretas, elas não interessariam como fonte potencial de ganhos, uma vez que, se todos são unânimes sobre o preço, não há mais oportunidade de investimento...

A descrição de como trabalham de fato vai, portanto, na direção de dois outros tipos de condições, sendo ambas fontes de grande conflito emocional:

1. Incertezas provocadas por assimetrias inevitáveis de informações, enquanto tentavam separar o joio do trigo na avalanche de informações ambíguas que recebiam quando tinham que tomar decisões.

2. Por mais que detivessem conhecimentos sobre o presente, não há como superar a inviolável barreira do desconhecimento sobre o futuro – embora precisassem prever o desempenho dos investimentos nos quais estavam então apostando e, também, prever como os outros estavam fazendo essas mesmas previsões (na metáfora de Keynes sobre o "concurso de beleza"[74]).

Depois de todas as dificuldades para estabelecer essas previsões e o curso de ação correspondente, esses profissionais tinham que esperar por aquilo que o futuro – necessariamente imprevisível, pois abrange o comportamento de empresas, clientes, concorrentes, inovações, grandes desastres potenciais etc. – traria, sabendo que nada poderia ser feito, efetivamente, no presente, para quantificar o risco ou remover a incerteza. Menos ainda, saber de antemão como todos os outros *players* reagiriam a todas essas informações futuras!

Claro que não dá outra: esses profissionais sofrem com a ansiedade e a incerteza permanentes em torno de suas decisões de investimento – comprar?, vender?, manter? –, como saber o que é melhor? Sempre haverá um misto de esperança e risco, sendo o risco não apenas inerente ao investimento em si, mas também de errar e ter que arcar com as consequências de seu equívoco. Está armado o cenário para que o mecanismo de cisão divida a experiência agradável e animadora da esperança, de um lado, e do risco chato e doloroso da perda de outro. Sem esquecer que, nesse estado de espírito condizente com a posição esquizoparanoide, o horizonte é de curto prazo, portanto essas medidas defensivas aparentam surtir efeito – igualmente de curto prazo, é claro!

Os autores também fazem referência ao ponto que abordamos anteriormente: enquanto a teoria econômica *mainstream* – e, acrescento, a mídia também – reduz o componente emocional ao "irracional", preferimos abordar este elemento também no que ele traz de bom para a tomada de decisão. Quando emoção e razão operam de forma integrada, resultados melhores podem ser alcançados – até mesmo porque, neste caso, torna-se possível tolerar o contato com o que não satisfaz de imediato, com o que falta, com a própria responsabilidade sobre as escolhas e, assim, aprender com a experiência, desde que ela possa ser pensada.

Mais ou menos, seria o sonho de consumo dos investidores individuais!

Sobre bolhas, crises, emoções e ilusão

IDADE, EXPERIÊNCIA E BOLHAS – TUDO VELHO DE NOVO...

Quanto mais inexperiente é o investidor, mais forte é a tendência de contribuir para a formação de bolhas.[75] Os autores do estudo que concluiu isso levantam a hipótese de que neófitos seriam mais otimistas e farejariam novas tendências com maior intensidade para decidir sobre seus portfólios. Foram, então, estudar isso junto a gerentes mais jovens de fundos mútuos, durante a bolha da internet e verificaram que eles tinham muito mais ações de empresas de tecnologia do que seus colegas mais velhos. Aumentaram esse tipo de aplicação durante a subida desse mercado e reduziram quando a bolha começou a estourar, em porcentagens mais elevadas do que os pares mais experientes. Eles não encontraram outros fatores que pudessem ajudar a explicar esses comportamentos além do fator etário.

 A esse propósito, Galbraith é citado: "deve-se supor que a memória financeira deva durar, no máximo, não mais do que vinte anos. Esse é normalmente o tempo que leva para que a lembrança de um desastre seja apagada". Favor anotar, por gentileza!

MAIS BICHO NO PEDAÇO – *ESPÍRITOS ANIMAIS*

No primeiro parágrafo da introdução de seu novo livro, *Animal Spirits – How Human Psychology Drives the Economy, and Why It Matters for Global Capitalism* (Espíritos animais – como a psicologia humana dirige a economia e por que isso importa para o capitalismo global),[76] o prêmio Nobel de Economia George Akerlof e um dos mais destacados economistas comportamentais, Robert Shiller (que também escreveu *Exuberância Irracional*, em 2000), vão direto ao ponto: nós nunca entenderemos realmente eventos econômicos importantes se não nos confrontarmos com o fato de que suas causas são amplamente mentais, no que diz respeito à sua natureza.

Mas ninguém precisa se ofender: eles não estão chamando todo mundo de besta quadrada quando falam em *espíritos animais*! O termo, aliás, foi cunhado pelo hoje novamente celebrado economista John Maynard Keynes – depois que o mundo deu com os burros n'água, em especial as economias mais desenvolvidas, ninguém mais quis arriscar o "modelito" depressão total adotado no início da crise de 29, e correram todos para ressuscitar Keynes e suas propostas de intervenção do Estado na economia, injetando recursos para que a roda não parasse. Exceto, é claro, a roda de fazer dinheiro – mas essa é uma outra história, que ainda não sabemos bem como vai terminar, nem quanto vai custar.

A questão é que o britânico Keynes, próximo ao grupo de Bloomsbury, que, por sua vez, tinha grande ligação com a psicanálise, usou o termo *espíritos animais*, que vem da forma latina arcaica *spiritus animalis* – com *animalis* derivando de *anima*, alma, ou seja, mente – no sentido de uma energia mental básica, associada à força de vida e, mais especificamente, ao otimismo espontâneo dos empreendedores. Afinal, eles têm coragem suficiente de pôr dinheiro no seu negócio porque acreditam ter uma boa ideia e que ela lhe trará lucros.

Akerlof e Shiller afirmam[77] que a mente humana é desenhada para pensar em termos de narrativas, de sequências de eventos com dinâmica e lógica interna que lhes dê a aparência de um todo integrado. Esse aspecto se relacionaria com o fato de que grande parte da motivação humana vem da nossa condição de vivermos uma história, a história da nossa vida, que nós contamos para nós mesmos e que cria um contexto de motivação. E isso também vale para motivar terceiros – é um expediente de que se valem grandes líderes, muitas vezes também grandes contadores de histórias, que fomentam a confiança em nações, empresas e instituições.

Eles "linkam" essa ideia com uma discussão interessante sobre as histórias a respeito do mercado financeiro. E fazem uma indagação pertinente, ainda que possa soar como "impertinente" para alguns... A pergunta: será que são as histórias que movem os mercados, afinal? Ou seja, das histórias que circulam entre os atores do mercado, à guisa de explicação, destacam-se, em particular, aquelas que dizem respeito a uma "nova era", referências a inovações mirabolantes – e, em geral, de difícil compreensão para as pessoas comuns –, mas que costumam trazer promessas de fartura e bonança para a face da Terra.

Foi assim no final da década de 1920: automóveis, aparelhos elétricos e, como sempre, a mágica de se tornar milionário ao alcance de todos, por meio de ações que só subiam. Pelo menos, até o fatídico 29 de outubro, quando despencaram para lá permanecer, no fundo do poço, ao longo de uma longuíssima década de profunda depressão econômica.

Foi assim de novo no meio da década de 1990: dessa vez, a maravilhosa inovação da nascente internet, pouco compreendida até então, mas parecendo, mais uma vez, magicamente promissora. Eu me lembro de uma amiga jornalista me dizendo, na varanda de casa, em 1999, enquanto saboreávamos um *prosecco*, que ia ficar rica, já que planejava abrir seu próprio *site*. Quando eu lhe perguntei de que modo isso lhe traria dinheiro, sua resposta foi bastante vaga. Ela apenas citou casos muito divulgados na mídia, de aquisições de *websites* por valores estratosféricos.

E ela não era a única a pensar dessa forma. Naquela época, circulavam, de fato, muitas histórias de pessoas, com frequência jovens, que ficavam milionários da noite para o dia vendendo seus *sites* para empresas que, hoje sabemos, tampouco tinham clareza suficiente sobre aquelas transações. Algumas vezes dava certo – quando o plano de negócio era consistente, o que não foge à regra do funcionamento de qualquer empreendimento. Portanto, não era apenas o fato de "ser da internet" que trazia bons resultados, mas ser "um bom negócio feito no âmbito da internet".

Esse detalhe, contudo, escapou a muitos investidores, que amargaram prejuízos quando essa bolha, conhecida como da internet, ou da Nasdaq (a bolsa que abriga as transações com ações dessas empresas) também estourou, em 2000.

A interessante dupla formada por um psicanalista (minha alma gêmea em linha de pesquisa, lembra? Ver p.128) e um professor de finanças,[78] fez um não menos interessante levantamento e selecionou um estudo[79] bastante revelador do que ia pela mente dos mui racionais investidores durante essa bolha: quando uma empresa simplesmente adicionava a terminação "pontocom" (.com) ao seu nome, entre 1998 e 1999, o valor de suas ações aumentava, em média, 63% nos cinco dias seguintes ao anúncio! E esse efeito era independente do fato de a empresa estar efetivamente envolvida com a internet ou não – é ou não é o caso de acrescentarmos mais uma série de pontos de exclamação? - !!!

A coisa é tão maluca que as empresas que não tinham negócios na internet, mas haviam acrescentado o mágico ".com", tinham os maiores retornos!! Como se a simples associação com todo o gigantesco entusiasmo que então circundava a internet fosse suficiente para ocupar o lugar de qualquer análise mais detalhada ou rigorosa de sua real posição no mercado.

E tem mais:[80] depois do estouro da bolha, os investidores novamente reagiram de forma positiva, dessa vez à retirada do agora fatídico ".com" da terminação dos nomes das empresas – sim, os ganhos de não estar mais na internet agora eram de cerca de 70% nos dois meses subsequentes à mudança! Rigorosa a análise desse povo, não?

E foi *replay* na bolha das hipotecas, ou dos derivativos, do *subprime*, dos títulos podres – a quantidade de denominações indica o grau de complexidade da encrenca... Havia toda a miragem das "inovações financeiras" – aquilo que ninguém entende porque não faz sentido mesmo, mas vem embalado numa roupagem que é música aos ouvidos sequiosos de abundância ininterrupta; então, como vimos com o nosso "semáforo" (v. p.21), todo mundo deixa passar sem maiores questionamentos. A administração de risco, nesse caso, foi das mais criativas: no fim das contas, era como na história do gato: onde está o risco dos investimentos mais duvidosos? Ora, o gato comeu!

E lá se foram os muitos gatos por lebre, para seguir na metáfora felina...

Histórias, histórias, histórias. Contadas repetidamente, pressão de diversas fontes para que fossem engolidas sem pestanejar – afinal de contas, quem não entende o que está acontecendo é: (1) burro; (2) ultrapassado; (3) desmancha-prazeres; (4) do contra, idiota, por fora, está com má vontade e não quer que nada dê certo – provavelmente porque tem inveja de todos que estão se dando bem; (5) todas as anteriores.

Mas, se pelo menos alguns investidores já viram esse filme antes – para os mais jovens pode ter novidade, embora é mais provável que já tenham pelo menos ouvido falar a respeito –, então por que ele (o filme, a sequência de eventos) vive em cartaz, numa sucessão cíclica de altos e baixos? Talvez só mesmo os misteriosos desvãos de nossa alma guardem essa resposta...

Além do poder das histórias, os autores também consideram como parte dos *espíritos animais* outros quatro elementos, apresentados a seguir:

1. ***Confiança e seus multiplicadores.*** A confiança – e a desconfiança, aliás – são construções psicossociais, e, como tal, possuem impacto direto sobre os fenômenos econômicos, podendo atuar como amplificadores de movimentos encontrados no mercado. Bancos, por exemplo, se mantêm enquanto se acredita que terão condições para "bancar" o dinheiro ali depositado, e por isso se tornam tão suscetíveis a reações de pânico, que podem levar uma instituição a quebrar em pouco tempo, caso a maior parte dos clientes e do mercado desista de acreditar em sua solvência. Confiança e desconfiança também estão presentes na formação e no estouro das bolhas, de modo equivalente.

2. ***Senso de justiça.*** Para os autores, o senso de justiça, em especial com relação ao estabelecimento de preços e salários, é um grande motivador em muitas decisões econômicas e está relacionado à questão da confiança e à nossa capacidade para trabalhar coletivamente de maneira eficiente. No entanto, de acordo com eles, o tema fica relegado a segundo plano na economia *mainstream*, embora possa ajudar a explicar situações relacionadas a desemprego, por exemplo, nas quais o indivíduo, apesar de estar desempregado, poderia rejeitar trabalho devido a essa avaliação subjetiva do que seria ou não justo naquele caso.

3. ***Corrupção e má-fé.*** Usando até mesmo o termo "atividade predatória" para denominar o comportamento de agentes do mercado e autoridades envolvidos em crises econômicas, os autores afirmam haver flutuações nesse tipo de comportamento corrupto e predatório, associado a diferentes períodos, que podem apresentar variações na percepção de impunidade, por exemplo, na disseminação desses comportamentos em larga escala, com aumento em espiral (corrupção gerando mais corrupção), na tensão entre inovações e regulação, e nas mudanças culturais que podem facilitar ou impedir seu aparecimento.

4. **Ilusão monetária.** A ilusão monetária, tal como é encontrada em períodos de inflação ou deflação, refere-se à perda da noção de valor do dinheiro e dos produtos de forma ainda mais aguda (como já vimos, nunca temos essa noção de modo absoluto ou objetivo, é sempre questão de ponto de referência); mas quando a inflação está muito alta, por exemplo, torna-se particularmente árduo ter essa percepção, o que tem influência direta sobre o preço dos ativos e de todos os bens, de imóveis a empresas e suas ações, além da adequação de salários, entre outros fatores. Nesse caso, o valor absoluto fica fixado na mente, isto é, o número em si, sem ajustes por conta da inflação (ou deflação), e a partir dele tomam-se decisões, como se representasse a realidade. Esse quadro pode adicionar turbulência extra a ciclos de euforia ou depressão econômica.

Do meu ponto de vista, o grande mérito dessa obra está em seu esforço para adicionar fatores psicológicos à macroeconomia, abrindo espaço para essa discussão, ainda pouco empreendida em geral. Como já vimos, porém, quanto mais soubermos sobre massa, mais compreenderemos a formação de bolhas e pânicos – e você pode usar esses conhecimentos quando escolher seus investimentos.

A seguir, mais um raro exemplo na mesma linha.

O VERDADEIRO AUTOR DA EXPRESSÃO "EXUBERÂNCIA IRRACIONAL" – COMPORTAMENTO HUMANO E SISTEMA FINANCEIRO PARA ROBERT SHILLER

Robert Shiller é o sujeito que cunhou a expressão "exuberância irracional", lá pelos idos da penúltima bolha – ou já seria antepenúltima? –, a da internet, do final dos anos 1990. Depois de ouvir sua apresentação, Greenspan adotou o termo, embora não pareça ter captado, de fato, o espírito da coisa, já que pessoalmente seguiu contribuindo com combustível para a exuberante fogueira da bolha seguinte, a que estourou em 2008. Ou como diz Paul Krugman, que ganhou o Nobel de Economia no mesmo ano, no lugar de esconder a bebida, ele continuou a servir ponche apesar de a festa já estar pegando fogo!

Além disso, Shiller também é casado com uma psicóloga, e podemos supor que noções "psi" tenham passado por osmose para ele. O fato é que este pesquisador tem focado a ligação entre aspectos psicológicos – e também sociológicos e antropológicos – e mercado financeiro.

Em seu livro de mesmo título[81] ele recorre a três grandes grupos de fatores que, embora não possam ser plenamente captados por uma análise racional dos fundamentos econômicos, poderiam, ainda assim, ajudar a explicar a formação de bolhas e dos *crashes* subsequentes. São eles, no caso da conjuntura que ele abordou aqui, do meio da década de 1990, nos Estados Unidos:

1. *Estruturais.* São aqueles fatores que impactam toda a dinâmica das transações econômicas, como resultado de avanços da tecnologia (o advento da internet e as crescentes negociações *on-line*, por exemplo), de decisões políticas (a redução da taxação sobre ganhos de capital, por obra de um Congresso Republicano), de certos aspectos da conjuntura econômica (planos de pensão com contribuição definida, crescimento de fundos mútuos, redução da inflação, expansão do volume de negócios) e do próprio *Zeitgeist*, o espírito do tempo (em alemão), caracterizado então pelo aumento do materialismo como valor corrente, pelo triunfalismo e o patriotismo que se seguiram ao final da Guerra Fria – com aparente vitória do capitalismo, fazendo a confiança neste sistema aumentar muito –, e pelo crescimento dos jogos de azar (para muitos investidores, "jogar" na Bolsa se assemelhava à sua experiência em cassinos). É importante salientar que Shiller considera estes fatores alinhados a uma perspectiva de *profecia autorrealizável*,[82] que contribuiu para que toda essa visão otimista se concretizasse num mercado em alta. Nesta categoria, ele também inclui a tendência a aderir às hoje famigeradas *pirâmides* ou *esquemas Ponzi*, meio em baixa após a derrocada de 2008 e, possivelmente em larga escala, devido ao exemplo emblemático da pirâmide do Madoff, que acabou indo para trás

das grades – e ver isso ao vivo e em cores pela televisão nos impressiona, de modo que, atualmente, falar em pirâmides não pega muito bem entre os *players* do mercado financeiro –, o que, infelizmente, não significa que elas não voltarão a proliferar, como rotineiramente é o caso... Shiller as denomina, aqui, *mecanismos amplificadores*, uma vez que teriam o poder de potencializar os efeitos estruturais descritos antes – a confiança e a euforia dos investidores vão subindo cada vez mais, a exposição do mercado financeiro na mídia idem, e as análises dos especialistas tampouco ficam atrás, sendo tudo realimentado continuamente, em esquema de *feedback* que só reforça cada um desses movimentos.

2. *Culturais*. Aqui Shiller faz uma vinculação instigante: bolhas especulativas só passam a existir com a invenção da imprensa e, mais especificamente, dos jornais! Isso dá uma dimensão da importância que ele atribui à disseminação das ideias que, eventualmente, se convertem em bolhas – e, acrescentamos, mais tarde, em pânico. Ele cita, por exemplo, um programa de televisão, em 1987, que veiculou uma matéria sobre Ravu Batra, autor de um livro intitulado *The great depression of 1990: why it´s got to happen, how to protect yourself*, cinco dias antes da fenomenal, ainda que rápida, quebra da Bolsa em outubro daquele ano. Apesar de não se ter como afirmar que uma coisa causou a outra, Shiller destaca a raridade de se levar ao ar previsões sobre quebras do mercado acionário, o que poderia apontar para a relação entre os dois acontecimentos, separados por poucos dias, neste caso. Por outro lado, há situações em que as informações não têm ressonância imediata junto ao público, levando algum tempo para que este reaja a elas. Ele também menciona outros aspectos que envolvem a mídia, como a edição de informações, muitas vezes deturpando seu sentido original, o destaque para pontos que repercutem junto ao público, embora não sejam os mais relevantes, o que ele denomina "sobrecarga de recordes" (com o abuso de superlativos como em *"mudanças de preços*

recordes em um dia") e, de outro lado, o peso algo inefável das notícias, em outros momentos, pois, de acordo com ele:

> [...] as interpretações do tênue relacionamento entre as notícias e os movimentos de mercado supõem que o público esteja permanentemente atento às notícias – reagindo sensivelmente às pistas mais sutis sobre os fatores básicos de mercado, reunindo constante e cuidadosamente todas as partes diferenciadas das evidências. Mas não é assim que funciona a atenção do público. Nossa atenção é muito mais quixotesca e caprichosa. Ao contrário, as notícias funcionam mais frequentemente como um desencadeador de uma cadeia de eventos que mudam fundamentalmente o pensamento do público sobre o mercado (Shiller, 2000, p. 74).

Ainda na categoria dos fatores culturais, o autor se refere ao "pensamento econômico de uma Nova Era", que reuniria percepções do público sobre um futuro brilhante, ou pelo menos, com menor incerteza do que o passado – e vá saber de onde, exatamente, elas se originam, tá combinado? Isso, em que pese o fato de estarmos, de alguma forma, experimentando desenvolvimento econômico desde o início da humanidade, assunto que pode render boas polêmicas, se considerarmos os infinitos problemas de desigualdade e exclusão, bem longe de qualquer solução, além dos cada vez mais urgentes relacionados ao meio ambiente e à sustentabilidade. Mas, ainda assim, não moramos mais em cavernas, temos um sistema de alimentação planejado etc. – já sobre a sofisticação do mercado financeiro em si, como evidência desse progresso, prefiro não me manifestar, porque tenho cá minhas dúvidas... De qualquer forma, picos de otimismo e crença de que a bonança descerá à Terra existiram em diferentes momentos, e parecem acompanhar a formação de bolhas, de mãozinha dada, numa boa. Num excelente documentário de 1990,[83] aliás, Galbraith já alertava para esse maravilhamento que encanta a população em certos momentos, com a perspectiva de inovações fabulosas (carros e eletricidade popularizada em 1929, internet na década de 1990, derivativos "derivados" de algum tipo de cornucópia mágica na década de 2000, até a derrocada em 2008 etc.[84]). Segundo ele, e como vimos anteriormente (cf. p. 132), isso se repete a cada nova geração, uma vez que a lição de dar ouvidos a tais quimeras se perde com a memória de quem passa, deixando os que chegam novamente à mercê das novas sereias.

3. *Psicológicos*. Nesta categoria, Shiller aborda fundamentalmente âncoras psicológicas e comportamento de massa. Salientarei aqui apenas alguns pontos sobre os dois temas, que estão presentes em diversos momentos neste livro. Chama a atenção, por exemplo, o fato de o autor discutir dois grandes grupos de âncoras psicológicas:

   – As *quantitativas* – estas se revelam no modo como as pessoas respondem questionários com base em informações contidas no próprio questionário, como a indagação inicial sobre faixa de renda, por exemplo; como a avaliação sobre o preço de ações é influenciada pelo preço lembrado mais recentemente ou por mudanças anteriores de preços, neste caso, se isto for destacado,[85] ou o fato de que ações de empresas de setores diferentes, mas com sede num mesmo país, flutuam de modo equivalente, ao passo que quando são do mesmo setor, mas com sede em outros países, podem apresentar flutuações distintas, isto é, não é a indústria que define os fundamentos da empresa, mas a localização da sua sede;

   – e as *morais* – conceito que repousa sobre a hipótese de que "muito do pensamento humano que resulta em ação não se baseia em dados quantitativos, mas sim em *histórias contadas* e em *justificativas*" (p. 130, grifo do autor), de modo que tal ancoragem moral ajudaria a explicar por que o mercado não subiria indefinidamente, por exemplo, já que as pessoas desconhecem seu "nível intrinsecamente certo"; subidas expressivas, então, se manteriam em função da evitação dos *players* com relação a testar o mercado, pois, naquele momento, acreditam que valeria mais a pena aproveitar os retornos magníficos que ele está gerando, então "deixam a coisa solta".

A respeito do comportamento coletivo, que ele compara a *epidemias*, o que já nos dá uma certa noção de onde quer chegar – contágio, contaminação, fogo no mato etc. –, o autor salienta a importância da influência social e da informação, com as devidas limitações humanas quanto ao seu processamento; a força de boatos, de transmissão boca a boca – é poderosa! –, e pela mídia; a coexistência de conflitos e contradições em nossa mente. Tudo isso expressa flutuações difíceis de explicar na atenção do público, e contribui para as reações coletivas que podem tanto inflar, quanto estourar as bolhas.

Shiller não parte de experimentos de laboratório, mas de situações complexas do mundo real, e pretende iluminar, com este diálogo interdisciplinar, anomalias encontradas nos mercados.

Ao longo deste livro, temos visto vários dos conceitos que ele elenca, mas vamos agora verificar o que ele pode trazer de novidade ou, como sempre digo, de abordagem por outros ângulos que possam fazer mais sentido do que os já vistos – mas sempre indo direto às implicações para as suas decisões sobre investimentos também com a ajuda de outro de seus trabalhos.[86]

Na teoria da perspectiva, que ele descreve como sendo uma alternativa matematicamente formulada à teoria da maximização da utilidade esperada, com base em pesquisa empírica, talvez não tenhamos chamado atenção suficiente para a questão da *função de valor*. Isso diz respeito à discrepância encontrada nos sentimentos de alegria, quando se ganha dinheiro, e de tristeza, quando se perde quantia equivalente, pois este último costuma ser muito mais intenso que o primeiro. Novamente, vemos aí nossa atávica aversão à perda; porém, o que vale ressaltar é o estado emocional de vulnerabilidade que costuma acompanhar esse desalento de ter perdido.

A raiva, a revolta e o desespero podem ser tão grandes que nos levam a comportamentos que, em outras condições, não teríamos. Como correr o risco de perder mais ainda, por exemplo! Os apostadores contumazes sofrem, sabidamente, desse mal... E essa tendência também pode se traduzir em segurar investimentos que estão perdendo valor, com a justificativa de que o mercado vai virar e, aí sim, vai ficar claro que você sempre esteve certo, quando, na verdade, o duro mesmo é dar o braço a torcer e admitir que não foi um bom negócio, desfazer-se dele e partir para outro melhor. Junta com o apego do efeito posse e está armada a cena para perdas ainda maiores, infelizmente.

Se mata eu não sei, mas que arrependimento dói, isso dói, não é? Então, encontramos aí outro motivador importante para o nosso comportamento: tentar evitar a dor do arrependimento por ter cometido erros. E funciona para os dois lados: tanto para segurar ações que estão caindo, como vimos acima, quanto para vender rapidamente outras que subiram, com receio de que voltem a cair, impondo perdas.

Mas, um instante, maestro! Será que tem como saber exatamente o momento preciso para comprar ou vender ações ou outros papéis? Sabemos que essa bola de cristal não existe, portanto, não haveria como evitar inteiramente erros e sentimentos de arrependimento. A única coisa que talvez possa ser feita é você observar se costuma repetir padrões, incidindo no mesmo tipo de erros com frequência. Nesse caso tem como evitar permanecer prisioneiro da mesma roda de equívocos, depois de um exame tão rigoroso quanto possível do seu estilo de investir, corrigindo sua vulnerabilidade às ciladas mais manjadas. Se achar que não dá conta do recado, procure um especialista, um consultor de confiança que possa ajudá-lo a desenredar essa meada que está fazendo com que você perca dinheiro.

De volta ao arrependimento, Shiller classifica *dissonância cognitiva* como pertencendo a esta família. Ele define o termo como o conflito mental que experimentamos quando nos vemos diante de evidências que apontam que nossas crenças e suposições estão erradas. O pesquisador que cunhou o termo em 1957, Festinger, também assinalou que tendemos a tomar providências para tentar evitar o desconforto desse conflito interno – e elas podem ficar bem distantes da racionalidade... Com esse objetivo, evitamos novas informações ou fazemos contorcionismo com nossos argumentos, de modo a buscarmos harmonizar a "realidade" com aquilo que desejaríamos que ela fosse de fato.

Por exemplo: você aplicou num fundo e, depois de pouco tempo, resolveu retirar o dinheiro; em seguida, passa a evitar ler ou entrar em contato com notícias sobre a rentabilidade daquele fundo, porque não quer nem pensar no dinheiro que poderia ter ganho e deixou de fazê-lo! E, inversamente, só quer saber de informações que corroborem que sua decisão estava correta.

Agora, vamos pensar: nessa condição, como ficamos vulneráveis a palavras doces, que confirmem nosso desejo de sempre acertarmos! Alguém, de má-fé, que se proponha a explorar essa nossa fragilidade não terá maiores dificuldades para fazê-lo, certo?

Sobre *ancoragem*, outro conceito visitado por Shiller, cabe apenas uma última observação, uma vez que já o vimos em algum detalhe antes (cf. p. 53). O autor indaga, por exemplo, qual deveria ser o valor do Dow Jones hoje – afinal, este índice reflete valores do mercado de ações, que envolvem especulação e são inerentemente ambíguos. Nesse caso, preços passados, ou comparações entre preços, podem ser determinantes importantes para preços atuais – e aí já sabemos que estão sujeitos ao fenômeno da *ancoragem*, que é o efeito que valores arbitrários podem exercer, sob a forma de pontos de referência ou âncoras, sobre a avaliação de magnitudes absolutas.

E você, sabe qual é o valor correto de seus investimentos? Perguntinha boa, essa, né...

Pequena nota sobre Shiller e a crise de 2008

Shiller veio ao Brasil e deu uma palestra sobre suas propostas para sanar problemas estruturais do mercado financeiro na Fiesp, em 28 de maio de 2007. Ele tratou de sua ideia sobre como todos os ativos do mercado deveriam ser segurados, a fim de tentar evitar desvalorizações súbitas, oscilações descontroladas e perdas para os agentes econômicos – é mais ou menos o que assistimos, em especial no hemisfério norte, na já famigerada crise de 2008. Para ele, se todos os imóveis fossem segurados por seu valor de mercado, ficariam protegidos por essas apólices no caso do pior suceder. Acautelando-se preventivamente frente aos esperados questionamentos em torno dessa visão, que ele considera verdadeiramente inovadora, acrescentou ainda que, quando a instituição do seguro residencial começou a ser cogitada, no século XIX, todos também se mostraram incrédulos, e se indagavam como as seguradoras sobreviveriam. De todo modo, sobre o que vivíamos naquele momento, Shiller foi mais reticente – não foi possível arrancar dele uma afirmação categórica sobre estarmos ou não em meio a uma bolha.[87]

Por outro lado, quando lhe perguntei,[88] nessa mesma ocasião, se aprendemos ou não a partir de nossas experiências com investimentos e na relação com dinheiro em geral, a ponto de nos "imunizarmos" contra novas bolhas e *crashes*, sua resposta foi: "Sou cético". E confesso que receio concordar com ele, em grande medida... Por isso, convido-o a me acompanhar na próxima discussão.

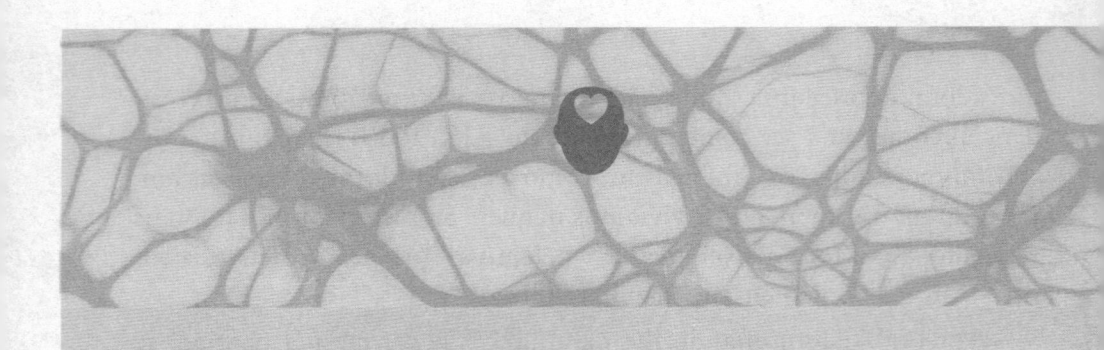

Notas

1. TVERSKY & KAHNEMAN, 1974; KAHNEMAN e TVERSKY, 1979.

2. THALER & SUNSTEIN, 2008.

3. CHUA & ZOU, 2009. Valeu, Mauro Taschner!

4. *Apud* Ariely, 2008.

5. ARIELY, Dan. *Previsivelmente irracional*. Rio de Janeiro: Campus, 2008, p.39.

6. http://www.boston.com:80/bostonglobe/ideas/articles/2010/01/31/easy__true/ Obrigada, Mauro Taschner! Acesso em 02.05.10.

7. Sensorial é tudo que diz respeito aos órgãos dos sentidos, como visão, audição, tato, olfato, paladar.

8. THALER, Richard. "Anomalies: Saving, Fungibility and Mental Accounts". *The Journal of Economic Perspectives*, 4 (1): 193-205, 1990.

9. SHAFIR, Eldar & THALER, Richard. » Invest now, drink later, spend never: on the mental accounting of delayed consumption". *Journal of Economic Psychology*, 27 (5): 694-712, 2006.

10. http://www.bbc.co.uk/portuguese/reporterbbc/story/2008/09/080908_gastos_estudos_pu.shtml. Acesso em 15.03.10.

11. O conceito é muito mais complexo na psicanálise (para saber mais, veja o artigo de Freud de 1914, "Sobre o Narcisismo: uma introdução", v.14 da Edição Standard Brasileira das Obras Completas, Rio de Janeiro: Imago, 1977), mas basta-nos, aqui, assinalar que, partindo do mito de Narciso, que se apaixonou pela própria imagem quando se viu refletido na água, ele envolve uma espécie de amor por si mesmo, que exprime também um impulso à autopreservação e uma valorização de si próprio. Ao mesmo tempo, vale lembrar

que a expressão remete aos termos *narcose* e *narcótico*, que implicam entorpecimento, sonolência e inconsciência. Não deixa de ser interessante pensar nessa linha a respeito do *efeito posse*! Estamos meio entorpecidos quando sobreavaliamos o que é nosso?

12. http://www.sciencedaily.com/releases/2009/03/090331112723.htm. Os autores são Joann Peck (University of Wisconsin-Madison) e Suzanne B.Shu (UCLA), e o periódico é o *Journal of Consumer Research*.

13. ARIELY, 2008, p. 133.

14. 14 KNUTSON *et al.*, 2008.

15. Tradução da autora.

16. LERNER et al., 2004.

17. Para provocar tristeza, uma cena da morte do treinador do personagem do filme *O Campeão*; para repulsa, a cena chocante – e pra lá de nojenta – do banheiro público, no filme "Trainspotting"; para neutralidade, trecho de documentário sobre peixinhos nos corais australianos.

18. ARIELY, 2008, p. 49.

19. "Invest now, drink later, spend never: on the mental accounting of delayed consumption", com Eldar Shafir (*Journal of Economic Psychology*, outubro, 2006).

20. Halifax, na costa leste do Canadá, é considerada a capital mundial da lagosta, e sediou o congresso de psicologia econômica e economia comportamental da IAREP-SABE em 2009. Que saudade...

21. A corrente principal, que na Economia remete à teoria neoclássica da racionalidade e da utilidade esperada (EUT).

22. KUHNEN, Camelia M. & KNUTSON, Brian, 2005.

23. SLOVIC, P., 2002. p. 22.

24. *Heurística afetiva* é uma avaliação afetiva automática e nem sempre consciente, evocada por qualquer estímulo, e que pode ser a principal determinante de muitos julgamentos e comportamentos. (Kahneman, 2002).

25. ALHAKAMI & SLOVIC, 1994 *apud* FINUCANE *et al.*, 2004, p. 4.

26. Comediante dos anos 1960, que fazia essa personagem que se gabava de ter um marido rico e poderoso – e não perdia nenhuma oportunidade de botar isso na roda, como motivo de enorme orgulho pessoal!

27. *Lócus de controle* é a percepção que a pessoa tem sobre as causas do que acontece em sua vida. Se *externo*, isso significa que atribui a fatores do ambiente, ou à sorte, ou à fatalidade a responsabilidade por seu comportamento ou por aquilo que lhe sucede; quando *interno*, a pessoa puxa para si a responsabilidade – e o poder – de tomar decisões e fazer escolhas, enxergando seus próprios esforços como a causa para como as coisas se dão em sua vida. A expressão foi cunhada pelo psicólogo norte-americano Julian Rotter, nas décadas de 1950 e 1960.

28. Publicado em: http://portalexame.abril.uol.com.br/financas/m0157123.html?printable=true. Acesso em 07.06.10.

29. SHIV *et al.*, 2005.

30. Publicado em: http://www.investopedia.com/terms/n/noisetrader.asp. Acesso 31/jul/2009.

31. "Para entender a origem dos hexagramas é preciso considerar que cada um é formado por seis linhas que podem ser inteiras ou partidas, e que representam a Yang e a Yin, os dois princípios elementares do pensamento chinês. Sua combinação produz uma série de quatro pares de linhas diferentes, as quais representam os quatro elementos: fogo, metal, madeira e água." (*I Ching – O livro das mutações*, baseado na tradução de James Legge, São Paulo: Hemus, 1972, p. 8).

32. O mítico guitarrista dos não menos lendários Rolling Stones – claro, minha banda de rock favorita!

33. WÄRNERYD, Karl-Erik., 2008b.

34. TVERSKY & KAHNEMAN, 1983 *apud* WÄRNERYD, 2008a, p. 43.

35. Taxa-base é a frequência de um evento conforme incida numa determinada população.

36. SHEFRIN & STATMAN, 1994 *apud* WÄRNERYD, 2008a, p. 46.

37. Fui buscar uma definição simples de bayesian', que é uma das interpretações mais comuns do conceito de probabilidade, na International Society for Bayesian Analysis (ISBA): a investigação científica, que é um processo iterativo de integração e acumulação de informação, se dá por meio de avaliação dos dados que se têm atualmente, coleta de mais dados que contemplem o que não ficou esclarecido e, então, uma atualização e refinamento de sua compreensão, a fim de incorporar dados novos e antigos; a inferência bayesiana fornece um quadro de referência lógico e quantitativo para esse processo; o nome vem de seu criador, reverendo Thomas Bayes, do início do século XVIII. http://bayesian.org/. Acesso em 22.07.2009.

38. GRIFFIN & TVERSKY, 1992 *apud* WÄRNERYD, 2008a, p. 48.

39. WÄRNERYD, 2008a, p. 49.

40. KAHNEMAN & RIEPE, 1998 *apud* WÄRNERYD, 2008a, p. 49.

41. STEPHAN, 1999 *apud* WÄRNERYD, 2008a, p. 51.

42. TVERSKY & HEATH, 1991 *apud* WÄRNERYD, 2008a, p. 52.

43. GASPER, 2004 *apud* WÄRNERYD, 2008a, p. 53.

44. BION, 1979 [ver também nota 12, p. 25]

45. FERREIRA, 2007a, 2007b, 2007c, 2008a.

46. KATONA, 1975.

47. CentER for Economic Research. Para mais informações, ver http://www.tilburguniversity.edu/research/institutes-and-research-groups/center/. Acesso em 15/mai/2009.

48. *Daytrader* é o investidor que opera comprando e vendendo ativos num mesmo dia, em busca de pequenas variações em seus preços.

49. ERICSSON & LEHMANN, 1996 *apud* WÄRNERYD, 2008a, p. 60.

50. WÄRNERYD, 2001 e ANDERSSON, 2004 *apud* WÄRNERYD, 2008a, p. 60.

51. PORTER, 2004; Stotz e VON NITZCH, 2005 *apud* WÄRNERYD, 2008a, p. 60.

52. http://www.edge.org:80/3rd_culture/kahneman_taleb_DLD09/kahneman_taleb_DLD09_index.html. Acesso 02.08.09.

53. EARL *et al.*, 2007.

54. Quando recebemos uma recompensa depois de apresentar um determinado comportamento, tendemos a manter esse comportamento, se essa sequência for repetida – a recompensa é chamada de *reforço positivo* na psicologia behaviorista ou skinneriana.

55. Obrigada a Flavia Possas, que lá atrás me ajudou a dar nome aos bois nessa brincadeira de regressão à média!

56. "Pensar" vem aqui entre aspas, porque não é bem pensar, mas praticamente uma reação automática – *Sistema 1* com tudo!

57. *Apud* Moisand, Dan, CFP. Using Behavioral Finance to Improve Client Communications.

58. "A total Eclipse of the Brain". *The Economist,* 22.07.2009.

59. *The Crash of '29*, PBS, 1990. Agradeço à Cinemateca Brasileira o acesso à cópia deste interessante material, que aponta para tantas repetições no comportamento do investidor [ver também p. 142 e segs.].

60. THALER & DEBONDT *apud* BURNHAM, Terry. *Mean Markets and Lizard Brains*, 2008.

61. BURNHAM, Terry. *Mean Markets and Lizard Brains*, 2008.

62. BURNHAM, Terry. *Mean markets and lizard brains*, 2008, p. 254-255.

63. LOEWENSTEIN *et al.*, 2001, citam diversas pesquisas realizadas pela equipe de A. M. Isen nas décadas de 1970 e 1980 sobre emoções e tomada de decisão.

64. BAR-ELI *et al.*, 2007.

65. BION, p.1, 1970.

66. ROOS, 2006.

67. TUCKETT, David & TAFFLER, Richard. "Phantastic Objects and the Financial Market's Sense of Reality: A Psychoanalytic Contribution to the Understanding of Stock Market Instability". *International Journal of Psychoanalysis*, 89:389--412, 2008.

68. Curiosamente, Tuckett nunca ouvira falar da psicologia econômica, economia comportamental ou finanças comportamentais. Eu lhe expliquei do que se tratava e, no congresso seguinte da área, que ocorreu em Roma, em 2008, um orientando seu foi apresentar um trabalho conjunto, também muito interessante (TUCKETT & ESHRAGI, 2008).

69. CASSIDY, 2002 *apud* TUCKETT & TAFFLER, 2007.

70. Relatos históricos apontam para bolhas de especulação envolvendo a *The South Sea Company*, no século XVIII, e tulipas na Holanda, no século XVII. Para saber mais, ver, por exemplo, Kindleberger, 2000.

71. Estar mais à vontade dentro da própria pele dependeria, portanto, de não se distanciar tanto do que é real, sem que isso implicasse grande sofrimento pessoal. Dito de outra maneira, quando a realidade psíquica coincide mais com a realidade externa, nos sentimos melhor.

72. Ainda que se possa sempre alegar desconhecimento dos verdadeiros desdobramentos de complexos produtos financeiros, cumpre observar que, na hora de topar colocar seu dinheiro ali, em meio às promessas de retornos polpudos, ninguém estava propriamente morrendo de vontade de conhecer melhor onde estava amarrando seu burro, certo? E, por mais penoso que seja, ignorância não exime ninguém de responsabilidade...

73. Ver nota 62.

74. Para entender o que é a expressão "concurso de beleza": "Após analisar a especulação existente nos mercados financeiros e investigar a natureza humana e suas implicações, Keynes conclui que a maioria dos agentes financeiros "[...] dedica-se não a fazer previsões abalizadas em longo prazo sobre a renda provável de um investimento por toda sua vida, mas em prever mudanças de curto prazo com certa antecedência em relação ao público geral" (1936-1986, p. 128). O raciocínio acima nos permite entender que o agente que queira auferir ganhos no mercado financeiro se vê induzido a "adivinhar as reações do público melhor que o próprio público" (*op. cit.*, p. 130). O autor resume com essa frase a metáfora do "Concurso de Beleza", remetendo a uma competição muito popular à época, organizada pelo jornal *British Sunday*: os leitores eram solicitados a selecionar fotos de jovens mulheres na ordem que acreditavam ser a preferência dos outros entrevistados como um todo; para vencer, o jogador não deveria expressar sua preferência, nem tentar estimar a verdadeira opinião quanto às preferências; em vez disso, o jogador de sucesso deveria antecipar a seleção que correspondia mais aproximadamente à média prevista pelos competidores em conjunto. A partir desta observação, Keynes fez uma analogia com o raciocínio empregado pelos agentes no mercado financeiro. Da mesma forma, a chave do sucesso neste contexto não é o que um investidor individual considera ser verdade, nem aquilo em que a massa de investidores acredita. O "investidor profissional" está preocupado em estabelecer o que todos acreditam que seja a opinião geral. (Ferreira & Lisoni, 2009, p. 45).

75. GREENWOOD, Robin & Nagel, Stefan. "Inexperienced investors and bubbles". *Working paper*, 15.4.06.

76. AKERLOF, George & SHILLER, Robert. *Animal Spirits – How Human Psychology Drives the Economy, and Why It Matters for Global Capitalism*. Princeton: Princeton University Press, 2009.

77. AKERLOF & SHILLER, 2009, p.51.

78. TUCKETT, David & TAFFLER, Richard. "Phantastic Objects and The Financial Market's Sense of Reality: A Psychoanalytic Contribution to The Understanding of Stock Market Instability". *International Journal of Psychoanalysis*, 89:389--412, 2008. Veja também p. 128.

79. COOPER *et al.*, 2001 *apud* TUCKETT & TAFFLER, 2008.

80. Idem.

81. SHILLER, 2000.

82. As chamadas "profecias autorrealizáveis" indicam o poder de nossas crenças – se você acredita que o mercado acionário vai subir, começa a comprar ações; se outros têm a mesma crença que você, fazem o mesmo, e a consequência é... o mercado subir mesmo! Ou seja, ele não precisou dos fundamentos econômicos para subir – bastou que um grande número de investidores pensasse daquela forma para o fenômeno acabar se efetivando.

83. "The Crash of '29", dentro da série *The American Experience*, produzida pela emissora pública PBS, dos EUA. A Cinemateca Brasileira, em São Paulo, tem uma cópia, e eu recomendo vivamente a quem tem interesse no assunto.

84. Deus me livre de ser desmancha-prazeres, mas não temos uma pitada disso no recente apaixonamento dos países ricos pelos "emergentes", Brasil incluído e destacado, que até pouco tempo atrás não passavam de patinhos feios – e problemáticos, viviam dando defeito... –, que verificamos a partir de 2009? Com a consequente febre para se investir neles, qual nova Meca ou terra prometida. E, mais uma vez, com limitada análise de risco, percepção integrada dos diferentes constituintes do contexto etc. Será que já vimos esse filme?

85. Curiosamente, ou nem tanto se nos ativermos ao fenômeno da *ancoragem*, a queda do mercado na "5ª feira negra" de 19.10.87, foi percentualmente quase a mesma do grande *crash* de 28-29.10.29, o que estava sendo muito lembrado em 1987 (Shiller, 2000, p. 129).

86. SHILLER, Robert. "Human behavior and the Efficiency of the Financial System". *Working Paper 6375*, National Bureau of Economic Research, Cambridge, MA, 1998.

87. Danilo Fariello, jornalista econômico que, à época, realizou com ele entrevista excelente, embora ainda inédita, que o diga...

88. À guisa de curiosidade: esta minha pergunta disparou reação entusiasmada e imediata em um dos integrantes da mesa, que então apresentava Shiller à plateia: nosso velho conhecido Delfim Netto! Rápido, declarou que o estudo da "psicologia de massa" era essencial para a compreensão dos fenômenos econômicos. Admito que este inesperado apoio, que voltou a se repetir de modo ainda mais enfático em outra oportunidade, na FEA-USP, em 2009, me surpreendeu...

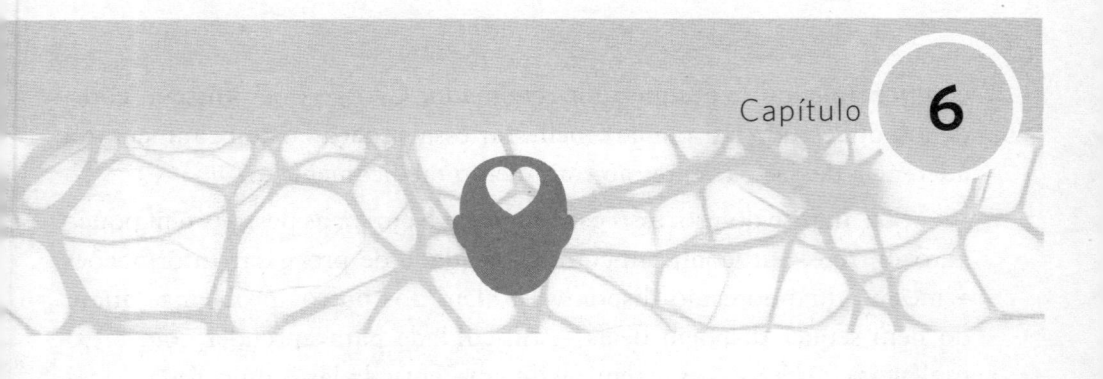

Capítulo 6

NOVAS DIREÇÕES – UMA PALAVRA SOBRE *ARQUITETURA DE ESCOLHA* – EMBORA O ASSUNTO MEREÇA UMA BIBLIOTECA INTEIRA!

O tema mais recente, discutido por pesquisadores da interface Psicologia-Economia, pode não parecer dizer respeito diretamente ao investidor individual. Vamos ver se essa primeira impressão é válida.

Trata-se do debate em torno da chamada *arquitetura de escolha*, ou o desenho das informações que envolvem a tomada de decisão. Essa discussão leva em conta nossos conhecimentos sobre limitações emocionais e cognitivas, e procura tirar proveito delas, virando-as a favor de quem está fazendo as escolhas (o tomador de decisões), que quer acertar, é claro, mas derrapa nos tais *erros sistemáticos*.

Partindo da premissa de que somos todos muito pouco racionais, de acordo com o figurino oficial da racionalidade econômica rezada na cartilha *mainstream*, pesquisadores têm utilizado as heurísticas e vieses já identificados com o objetivo de "virar o feitiço contra o feiticeiro".

Alguns exemplos: apesar de saber que deve tomar determinado remédio, inclusive porque isso preveniria a ocorrência de um novo AVC (acidente vascular cerebral), quem já teve o primeiro acaba "se esquecendo", depois de pouco tempo, de fazer uso regular daquele medicamento. Em conjunto com a equipe médica de um hospital, um economista comportamental[1] e pesquisador renomado, George Loewenstein, coordenou um estudo para tentar melhorar essa situação, isto é, aumentar a aderência desses pacientes ao tratamento medicamentoso.

Sua análise do processo psicológico em curso: as pessoas têm pouco autocontrole, autoconhecimento, capacidade de processar informações – mesmo quando estão disponíveis, além dos outros problemas quando nem sequer dispõem delas –, dificuldade para aprender com a experiência. Além disso, caem facilmente em ciladas, como todas estas que recheiam este livro, sendo que ele destacou uma delas, a tendência a superestimar probabilidades (o que responde pelo sucesso de loterias, rifas – e planos de capitalização, nos bancos...), para então montar uma estratégia de arquitetura de escolha, ou "paternalismo *light*", como ele denomina.[2]

As pessoas são motivadas por sorteios – além de incentivos imediatos e diários –, portanto, bolaram um esquema de sorteio com prêmios em dinheiro entre os pacientes, que só levava quem tivesse tomado sua dose diária!

Deu certo: os pacientes nesse grupo apresentaram quase o dobro de aderência ao tratamento, se comparados ao outro grupo, que recebeu apenas as instruções e recomendações de praxe. Parece incrível que as pessoas precisem de um estímulo quase simplório como esse para cuidar melhor da própria saúde, até mesmo se tratando de um assunto sério, como evitar um novo derrame, com todas as suas temíveis consequências incapacitantes? Bom, nem tanto, se nos lembrarmos também que tantas pessoas fumam, comem bobagens, praticam sexo inseguro, dirigem depois de beber, não fazem atividades físicas regulares etc., o que vai contra conhecidos preceitos em prol da boa saúde – e também, que não cuidam adequadamente de sua "saúde financeira", por assim dizer, passando por consumo excessivo e endividamento, até os famigerados maus passos no mercado financeiro.

Chegamos ao ponto.

Quando Loewenstein apresentou essas ideias no Congresso de Psicologia Econômica da IAREP, em Ljubljana, Eslovênia, em 2007, iniciou a conferência contando que sempre ficava aflito quando passava diante de um pôster, em sua universidade, nos Estados Unidos, que estampava a seguinte pergunta: "Você é incompetente demais para saber o que é melhor para você mesmo?", formulada pela *Libertarian Society*. Loewenstein tem dúvidas sobre a competência humana.

Thaler e Sunstein (2008) têm a mesma dúvida, e dizem que, muito diferentemente do propalado modelo do homem econômico, que descrevem ironicamente como "gênio de memória perfeita e força de vontade absoluta" (p. 6), estamos muito mais para um modelo alinhado com... o Homer Simpson, aquele do desenho animado, que tem dificuldade para fazer a letra O com um copo, como dizia alguém, do que, por exemplo, com o saudoso Mr. Spock, do seriado *Jornada nas Estrelas*, que não sendo inteiramente terráqueo (ele era "mestiço"), possuía surpreendente e plena racionalidade, aliada a grande frieza.[3] Nosso problema não é tanto de ordem cognitiva, mas em grande parte, derivado de nossa precariedade emocional, acrescentaria eu.

São eles, Thaler e Sunstein, que têm levado o carro-chefe dessa linha de atuação: a arquitetura de escolha em planos de pensão nos Estados Unidos, já adotada em vários estados, com grande sucesso em termos de garantir o aumento da adesão ao modo mais lucrativo para o funcionário, apenas invertendo-se a sequência das alternativas apresentadas no formulário eletrônico que ele deve preencher. Assim, no lugar de ter como opção-padrão um valor fixo ao longo do tempo, e caso desejasse aumentar sua contribuição cada vez que recebesse um aumento de salário, teria que se dispor a buscar essa alternativa – oferecida, porém não facilmente disponível –, simplesmente inverteram e deixaram esta última como opção-padrão. Com isso – aumentar a contribuição a cada aumento salarial como opção-padrão –, elevou-se significativamente o índice de contribuição nos estados onde foi adotado, tendo como resultado uma maior satisfação dos indivíduos quando se aposentavam e verificavam que receberiam rendimentos superiores.

As "pegadinhas psicológicas usadas para o bem", aqui, foram:

  a. jogar para o futuro restrições de consumo que envolveriam autocontrole (contribuir mais vs. consumir mais), que são menos sentidas do que se ocorrerem junto ao momento da escolha;

b. uma leve "disfarçada" na aversão à perda, uma vez que, no lugar de vir como "redução de salários", que é odiado, optando pela contribuição crescente essa redução nem seria percebida, pois já iria direto para o plano de pensão, sem escala no contracheque;

c. ilusão monetária usada a favor – como as perdas são sentidas em valores nominais, isto é, não ajustadas à inflação, então um dólar em 1995 parece valer o mesmo que em 2005;

d. inércia ou viés de *status quo* – uma vez comprometido com esta opção, a tendência é deixar tudo como está e não pensar nem mexer mais nisso... – ainda bem que, neste caso, é uma boa fazer isso!

Assim, esses pesquisadores, ao lado de alguns outros,[4] vêm levantando, desde a década de 2000, essa questão sobre como desenvolver antídotos comportamentais e contextuais – ou seja, desenhar arquitetura de escolha a partir de conhecimentos psicológicos e projetar ambientes *user-friendly*[5] – para se contrapor a tantas limitações e, dessa forma, ajudar os indivíduos e populações a fazerem escolhas mais acertadas, do ponto de vista do tomador de decisão. Eles falam em gestão de políticas públicas e privadas, com a perspectiva de alterar o comportamento, sem contudo proibir outras opções, nem mudar muito os incentivos econômicos, e com custo baixo.

Não é o caso de nos alongarmos, aqui, em todas as implicações dessas propostas, que, como você pode supor, são inúmeras. Mas é bom não esquecer do seguinte: quer queiramos ou não nos debruçar sobre o tema, nossas escolhas já estão sendo "arquitetadas", seja de modo aleatório ou deliberado, por isso seria interessante tomarmos ao menos este debate em nossas mãos. Neutralidade não existe, disso podemos desistir...

Em torno do nosso assunto, neste livro, seguem-se algumas observações pontuais:

1. O espaço para cometer erros de planejamento é quase infinito, o que, ao lado de nosso quase incorrigível otimismo excessivo, pode trazer consequências para lá de desagradáveis quando o assunto é "planejamento financeiro", indo de

provisão insuficiente para a aposentadoria ao horizonte algo móvel que se observa em investimentos de maior risco. (A intenção original é deixar o dinheiro lá por anos a fio; mas o mercado dá um soluço e o sujeito sai desesperado, querendo resgatar tudo, ainda que seja mediante pesadas perdas.)

2. Tendemos a adotar a primeira alternativa com que deparamos, a chamada "opção-padrão", que é uma manifestação do *viés de status quo* (cf. p. 110); portanto, atenção quando estiver preenchendo formulários referentes a investimentos ou outros produtos financeiros.

3. Quanto maior o número de alternativas, maior a nossa má vontade para escolher, com grande chance de passarmos a bola adiante; vale aqui, portanto, a regra do "menos é mais".

4. Detalhes pequenos e aparentemente insignificantes também podem ter grandes impactos sobre o nosso comportamento.[6]

5. Especial cuidado com relação a escolhas que:
   - tenham efeito a *posteriori*;
   - sejam difíceis e pouco frequentes (escolher previdência privada, por exemplo, ou comprar imóvel);
   - ofereçam *feedback* insuficiente;
   - apresentem relação ambígua com a experiência.

6. A maneira como os investimentos são apresentados influencia sua alocação: por exemplo, conforme o conjunto de aplicações, as pessoas preferem quanto mais igualmente distribuídos forem, e não de acordo com variáveis mais relevantes (rentabilidade, perspectivas, horizonte temporal etc.).

Além disso, deve-se ressaltar que Thaler acredita que, quanto mais sofisticado e complexo o mercado, tanto pior para cidadãos sem preparo e informação. Foi o que ele me respondeu quando esteve em São Paulo, no final de 2008, para lançar a tradução do livro *Nudge*. Eu havia perguntado a ele o que pensava da "adaptação" que eu consideraria importante fazer com relação à proposta de arquitetura de escolha e *nudges*[7] – tornar o processo todo mais transparente, revelando ao público-alvo de tais medidas exatamente quais os seus pontos fracos psicológicos que estariam entrando na jogada, ou melhor ainda, convidando a comunidade que receberia os *nudges* para participar do seu desenho –, ao que ele retorquiu, embora sem muita convicção, que sim, talvez isso pudesse ser feito em alguns casos, mas CERTAMENTE NÃO NO MERCADO FINANCEIRO, devido à sua grande complexidade. Neste âmbito, a arquitetura de escolha deveria ficar a cargo de especialistas no assunto, visando, é claro, a proteção dos investidores.

É um tema que mereceria receber maior atenção de todos os envolvidos, na minha opinião. E só o fato de estar sendo discutido e investigado por alguns dos mais importantes pesquisadores da área no momento também dá a dimensão de nossas limitações – se não fôssemos tão precários, não precisaríamos de especialistas desenhando contextos para errarmos menos, certo?

Quanto à minha proposta de "arquitetura de escolha transparente", eu a mantenho, porque ainda acredito que, apesar das gigantescas dificuldades, temos que investir no desenvolvimento humano. Educação, empoderamento e conscientização, de fato, não são suficientes na maior parte das situações que necessitam de mudança, em especial, coletiva. Por outro lado, desenhar *nudges* e implementá-los, sem uma perspectiva de evolução a partir dessa modalidade de mudança de comportamento, me parece também complicado, uma vez que mantém as pessoas em condição de menoridade. Mesmo que precisemos ser "salvos de nós mesmos", a discussão sobre essa condição deve prosseguir. Afinal, eu não poderia ser psicanalista se não acreditasse na capacidade de desenvolvimento da condição humana, certo? Mesmo que às vezes a gente desanime um pouco, é verdade...

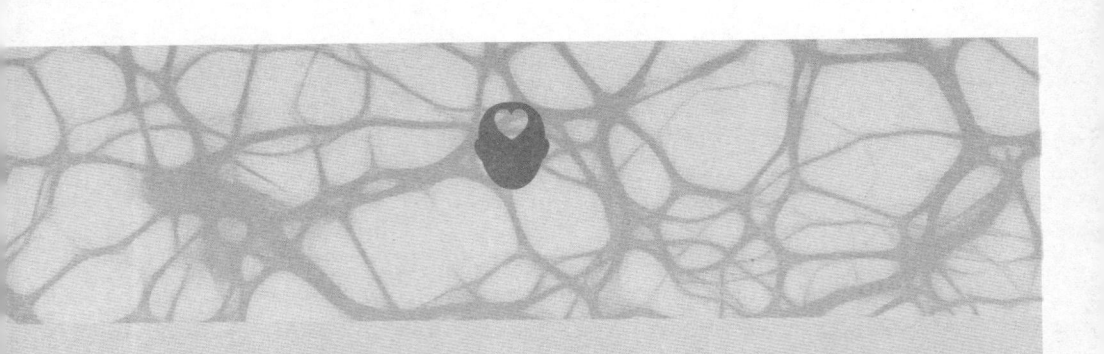

Notas

1. Psicologia Econômica e Economia Comportamental são disciplinas irmãs, compartilhando o mesmo objeto de estudo: comportamento econômico e tomada de decisão.

2. LOEWENSTEIN & HAISLEY, 2008. Já Thaler e Sunstein, que introduziram essas ideias em 2003, usam a expressão "paternalismo libertário" (SUNSTEIN & THALER, 2003; THALER & SUNSTEIN, 2008).

3. Exceto no período – seria anual? – de acasalamento, quando os *vulcanos*, seus conterrâneos, comportavam-se de maneira bizarra, impulsiva, agressiva e maluca em geral, conforme me lembro de ter visto na reprise de um episódio.

4. THALER and BENARTZI, 2004, *Choi et al.*, 2005, BESHEARS, J *et al.*, 2008, TUFANO, & SCHNEIDER, 2008.

5. Amigável para o usuário, ou seja, tudo que facilita sua vida, como sistemas eletrônicos de uso intuitivo, por exemplo, que dispensam a leitura de pesados manuais e são acessíveis em geral.

6. Thaler e Sunstein (2008) dão um exemplo ótimo disso: nos banheiros masculinos do aeroporto de Schipol, em Amsterdã, foi pintada uma mosquinha nos urinóis, como tentativa de melhorar a higiene do local, que não devia ser das melhores – ou talvez o padrão holandês é que seja alto! De qualquer modo, funcionou – tendo um "alvo", a rapaziada aumenta a atenção e melhora a mira, o que reduziu a sujeira em 80%. Não é uma ideia a ser adotada por aí afora?

7. *Nudges* são esses "empurrõezinhos", como no exemplo da nota acima – a mosquinha pintada que funciona como um estímulo, uma cutucada para que a pessoa faça o que ela gostaria de fazer (manter o banheiro limpo), mas na hora H se atrapalha e, sem essa ajuda do desenho do ambiente, poderia acabar contribuindo ainda mais para a sujeira local.

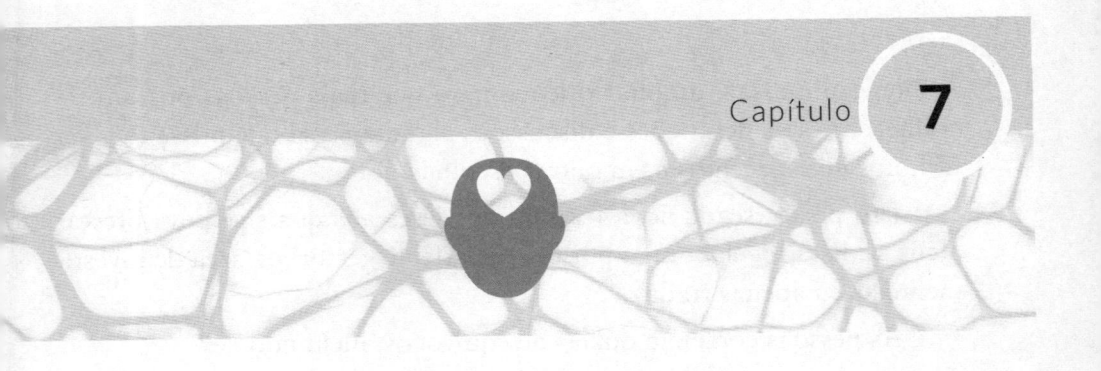

Capítulo 7

TRÊS RECAPITULAÇÕES RÁPIDAS, CINCO PERFIS BÁSICOS E MAIS OUTROS QUATRO

Só para não esquecer!
– Outra listinha de vieses

Talvez o leitor mais atento tenha percebido a manha deste livro: eu chamo de "aproximação por círculos concêntricos", mas também poderia ser "água mole em pedra dura". O ponto é: pessoas percebem de maneiras distintas umas das outras; se este livro ambiciona propor a você uma reflexão sobre como faz suas escolhas, em particular, sobre investimentos, mas também no plano mais amplo sobre como sua mente opera em geral, por meio de informações sobre esses assuntos, mas sem fechar questão, porque o que sabemos sobre tudo isso ainda é tão ínfimo diante do que desconhecemos, então um dos macetes é justamente apresentar – e voltar a apresentar – as informações de maneiras distintas também.

Ainda por cima, quando as situações são nomeadas, também facilita para reconhecê-las, daí a ênfase em apresentar nossas tendências a enxergar o contexto de forma parcial devidamente "rotuladas", como encontrarão a seguir.

Introduzindo as ideias dessa forma, espero que aumente a probabilidade de estas páginas fazerem sentido para mais gente. Por isso há repetições, situações são formuladas com a ajuda de diferentes exemplos, às vezes o estilo é mais sucinto, outras é mais denso e por aí vai.

A intenção é essa – ampliar o leque para que mais pessoas possam reconhecer nestas descrições e discussões alguma coisa que possa lhes ser útil, nos investimentos e em outras escolhas.

Isto posto, segue nova listinha de vieses aos quais se deve prestar atenção. Esta foi elaborada por um experiente gestor[1] na área de investimentos e eu apenas traduzi.

As pessoas cometem dúzias de equívocos, incluindo-se:

1. Adotar comportamento de manada, impulsionado por um desejo de ser parte da massa, ou pela suposição de que a massa seja onisciente.

2. Usar contabilidade mental para tratar um tipo de dinheiro (tal como ganhos de jogo ou um bônus inesperado) de forma diferente de outros tipos de dinheiro.

3. Ter excessiva aversão à perda.

4. Ter medo de mudança, resultando em viés excessivo em favor do *status quo*.

5. Ter medo de tomar uma decisão incorreta e se sentir estúpido.

6. Não conseguir agir devido a uma abundância de opções atraentes.

7. Ignorar dados importantes e focar excessivamente em pontos menos importantes.

8. "Ancorar" em dados irrelevantes.

9. Superestimar a probabilidade de certos eventos baseados em dados ou experiências muito memoráveis.

10. Depois de descobrir que um evento ocorreu ou não, superestimar o grau com que teria previsto o resultado correto ("Eu sabia que isso ia acontecer!!!").

11. Permitir que uma superabundância de informações de curto prazo obscureçam julgamentos de longo prazo.

12. Tirar conclusões a partir de uma amostra de tamanho limitado.

13. Relutância em admitir erros.

14. Acreditar que seu sucesso nos investimentos se deve à sua sabedoria, e não ao mercado em alta.

15. Falhar na avaliação precisa de seu horizonte temporal para investimentos.

16. Tendência a buscar apenas informações que confirmem suas opiniões ou decisões.

17. Falhar no reconhecimento do grande impacto cumulativo de pequenas quantias ao longo do tempo.

18. Esquecer a poderosa tendência de regressão à média.

19. Confundir familiaridade com conhecimento.

20. Confiança excessiva.

Boas decisões e más decisões

Thaler e Sunstein, do livro sobre *Nudges*,[2] que vimos há pouco (cf. p.167), dão um caminho das pedras ultrassimplificado para se tomar decisões apropriadas e evitar escorregadas, mas não deixam de chamar a atenção para aspectos realmente cruciais.

Para eles, tomam-se boas decisões quando se têm:

1. experiência;
2. boas informações;
3. *feedback* imediato.

E tomam-se más decisões quando:

1. se é inexperiente;
2. se tem pouca informação;
3. se recebe *feedback* lento ou pouco frequente.

De onde se deduz, por exemplo, que:

1. manter algum tipo de registro de suas decisões vale a pena, para conferir depois se estava no caminho certo ou não;
2. reunir informações sobre a situação é bom – desde que se lembre de ter cuidado com a sua qualidade, é claro;

3. ficar atento e trocar figurinhas com gente de confiança pode ser útil, também guardadas as devidas ressalvas quanto à tentação de embarcar na manada e abrir mão de pensar.

Cinco perfis básicos: emoção e razão[3]

Ao longo de todo o livro, estivemos falando de emoções – e, em alguns momentos, de nossa escassa razão... Cabe agora, perto do final, uma breve recapitulação sobre este eixo – emoção e razão – e como tudo dá mais certo se conseguimos integrar as duas pontas.

Emoção é impulso, e está próxima do instinto e do desejo. Por isso, justamente, mostra-se suscetível a ilusões, que surgem para tentar responder aos desejos. Como as emoções atuam sobre a percepção, que é a primeira etapa das nossas operações psíquicas, elas contaminam todo o restante dos processos mentais, o que significa que dificilmente estaremos diante de fatos puramente objetivos. Se envolvem questões humanas, estarão tingidos pela subjetividade.

Detectar nosso funcionamento emocional, contudo, não é muito fácil, já que boa parte dele se passa em nosso inconsciente. Mas uma coisa parece ser certa: somos sempre guiados por um forte motivador de natureza emocional, aquele "semáforo" que já vimos (p.21), e que funciona naquela base: o que me agrada, sobre mim ou sobre o que me cerca, eu permito acesso à consciência, acredito ser real ou provável de acontecer, e deixo em paz; mas, se ameaça me trazer desconforto, dor, frustração, daí esses conteúdos ficam condenados ao exílio – faço de conta que não são meus, nem reais ou prováveis, e procuro manter a distância, negando ou ignorando sua existência.

Dentre os campeões na categoria "distorção sistemática" já identificados por pesquisas na área da Psicologia Econômica estão a autoconfiança exagerada e o otimismo excessivo, ambos levando indivíduos e grupos a acreditar que estão acima da média, que não correm riscos, que tudo vai sempre dar certo etc.

Se imaginarmos agora uma espécie de gradiente que vá de um extremo – PREDOMINANTEMENTE SUBMETIDO ÀS PRÓPRIAS EMOÇÕES MAIS PRIMITIVAS (mesmo que não se dê conta disso) – ao outro – CAPAZ DE INTEGRAR EMOÇÃO E RAZÃO, EM ESPECIAL NO QUE DIZ RESPEITO A TOLERAR SEUS SENTIMENTOS DESCONFORTÁVEIS, GERADOS POR EXPERIÊNCIAS DE FRUSTRAÇÃO, E AINDA ASSIM SEGUIR USANDO A CABEÇA PARA PENSAR – podemos listar cinco perfis básicos, tendo no meio o tipo comum de pessoa que mescla emoção e razão, ocasionalmente equilibrando-as, mas muitas vezes sendo ora mais emocional, ora mais racional, ou sendo mais emocional em determinados setores da vida, e mais racional em outros – lembrando, claro, que as emoções são o componente mais poderoso em nossa mente.

Tente verificar, então, onde você se situa quando lida com dinheiro e faz investimentos:

1. Predominantemente pressionado por emoções primitivas. Dificuldade para aceitar a realidade e tentar modificar o que for preciso; impulsivo; repete comportamentos inadequados; difícil aprender com a própria experiência; vive a vida de forma extremada – é 8 ou 80; reage com intensidade, ou mesmo com violência, muitas vezes desproporcionalmente; deixa-se influenciar facilmente; examina os fatos com rapidez, sem rigor; é muito parcial nas suas avaliações; ansioso; ilude-se facilmente; otimista ou pessimista demais; guia-se muito pelo que for agradável ou desagradável só no curto prazo; faz associações rápidas e as usa como justificativas para ações; em alguns casos, pode tentar congelar suas emoções, como se isso fosse possível, mas tudo que consegue é se fragmentar e agir de modo forçado; pode ser arrogante e acreditar-se onipotente.

2. Frequentemente pressionado por emoções primitivas. Alguém que já consegue, às vezes, refletir antes de sair desembestado...; já entrou em fria por se comportar desse modo mais dominado pelas emoções primitivas, viu que não é bom, mas cada vez que repete isso encontra justificativas, sem se deter

de fato para pensar no assunto; ou tenta se emendar por um tempo, curto, e depois desanima, deixa o barco correr de qualquer jeito; está por um triz – já tem alguma noção de que custa caro (em todos os sentidos – dinheiro, tempo, saúde, esforços etc.) funcionar dessa maneira, mas na hora H se rende à aparente lei do mínimo esforço e deixa tudo por isso mesmo; ou também tenta, como o tipo 1, "ser uma pessoa bem fria", mas o resultado é artificial e empobrecido (precisamos das emoções para viver!)

3. Malabarista – pressionado por emoções primitivas em muitos momentos; em outros, consegue se comportar de forma mais harmoniosa. Possivelmente, o tipo mais comum, que às vezes usa bem a cabeça, em outras se atrapalha feio, podendo variar conforme o tipo de situação, ou seu estado de espírito (nos dias de "hoje eu não *tô* bom!", sai de baixo...); sabe que não dá para viver na base do imediatismo e da tentativa de aliviar a tensão interna o tempo todo, da forma que for, mas nem sempre é capaz de segurar a própria onda; já viu que é legal, útil para si mesmo funcionar de outro jeito, mais equilibrado, e tenta fazer isso quando se lembra, mas nem assim tem sucesso sempre; muitas vezes se dá desculpas esfarrapadas para seguir operando mentalmente de modos mais primitivos, cede aos próprios impulsos, pode até dizer que é fraco, fazer o quê?, mas não desiste completamente de tentar se desenvolver.

4. Mais consciente das próprias limitações, mas ainda não ascendeu aos céus. Já sabe que é precário em muitos momentos e procura se precaver contra essas tentações e repetições nos momentos em que está de cabeça mais fria, embora nem sempre funcione; mas já tem mais desenvolvimento emocional do que os anteriores; está no "bom caminho", já consegue se flagrar em muitos momentos, parou para pensar, mas nem sempre dá conta de administrar as diferentes pressões, internas e externas, por isso acaba metendo os pés pelas mãos em alguns momentos; mas está mais firme no propósito de

mudar e se tornar uma pessoa mais madura e equilibrada; não tem muita dúvida de que é por aí – para ter melhores resultados, precisa usar a cabeça a seu favor, administrando melhor suas emoções.

5. Racional, ou seja, equilibrado e integrando bem emoção e razão. Esse é o tipo mais raro, que consegue lidar melhor com seus sentimentos disparados por experiências de frustração – e ainda assim seguir pensando; sente-se mais confortável dentro da própria pele e não tem medo excessivo das próprias emoções; aguenta examinar os fatos, mesmo quando eles implicam sofrimento, "chatura" etc.; consegue enxergar mais a totalidade – mesmo que leve mais tempo e inclua também o que ela possui de desagradável; é capaz de aprender com a experiência emocional – isto é, entra em contato com os próprios erros e tenta repensar como seria melhor fazer nas próximas vezes, apesar de tudo isso ser doloroso; sabe que não é infalível, por isso não se sente superior aos outros; é capaz de compaixão e de compor com parceiros, em situações afetivas, financeiras, profissionais e outras; suporta ficar triste, sem ficar demasiado aflito; tem confiança em si e na vida, porque já passou por dificuldades e sobreviveu (diferente do onipotente, que tem essa crença baseada em fantasia); é capaz de usar a lógica, abstrações e a linguagem adequadamente; pode usar a intuição, que lhe permite enxergar mais rápido, mas com precisão (isso é raro, mas ocorre – é o *insight*).

Em outras palavras, é importante não esquecer que a vida necessariamente nos impõe frustrações – nunca encontraremos satisfação para todos os nossos desejos, e, menos ainda, de forma imediata – no entanto, é o que mais gostaríamos que acontecesse. Portanto, estamos condenados à frustração. Nesse caso, temos duas saídas básicas: ou nos recusamos a encarar esse fato (daí são diversas as modalidades: espernear, varrer para baixo do tapete, arrumar encrenca, fazer manobras diversionistas, negar etc.) ou aguentamos firme para tentar resolver o problema de modo criativo, ou seja, usando a cabeça para encontrar uma alternativa que nos traga a almejada satisfação – mesmo que demore mais, seja trabalhoso e tudo o mais, ao final, será mais consistente. Isso não significa que devamos sempre adiar as gratificações – mas significa que está colocada permanentemente uma tensão e vivemos na busca desse equilíbrio.

Para terminar, reitero minha crença de que o que se opõe a *racional* é *emocional*, e não "irracional", já que estamos todos, sempre, em busca do que é melhor para nós. O grande problema é que, no meio do caminho, acabamos metendo os pés pelas mãos, devido à intromissão de nossas emoções mais primitivas, de um lado, e nossa inabilidade de lidar com elas, de outro... E mais: quando falamos de *racional*, não é o sujeito "frio", desprovido de emoções – primeiro, porque isso não existe, a não ser como patologia – as emoções SEMPRE estão conosco; isso só deixa de acontecer com pessoas que sofrem lesões neurológicas, e, portanto, não processam emoções, ou com psicopatas, que cindem de modo profundo seu funcionamento emocional.

Para o resto de nós mortais, a grande missão é administrar do melhor modo que pudermos os nossos impulsos – e se ainda conseguirmos não perder dinheiro nessa saga, melhor!

Quatro perfis, *by* Gazel

Veja agora o interessante ponto de vista de um experiente gestor de investimentos – que também conhece bem a área de Psicologia Econômica e Finanças Comportamentais![4]

"Os dois principais pontos observados no momento de se fazer um investimento são:

> *Perfil de risco do investidor.* O investidor pode correr riscos com um pedaço de seu patrimônio?
>
> *Período de investimento.* O investidor pode esperar pelo tempo recomendável para que o investimento possa ter o retorno desejado?

Tenho sérias dúvidas a respeito da eficiência desse método de alocação de recursos. Com o passar do tempo comecei a deparar com soluções de investimentos tecnicamente perfeitas, porém com resultados pouco satisfatórios para os investidores. O cunhado sempre ganha mais dinheiro e corre menos riscos... Uma investigação profunda da causa das frustrações com investimentos financeiros indica a pertinência de se adicionar duas novas questões na abordagem do investidor:

Perfil de risco do investidor. O investidor sabe perder?

Período de investimento. O investidor sabe esperar?

O investimento pode ser perfeito, parecer sob medida para o investidor, mas poder é diferente de saber. Não adianta poder esperar e não ter paciência. Não adianta poder perder, mas não suportar observar os resultados de seus investimentos no vermelho... por mais promissor que seja o futuro!

A combinação dessas características contribui muito para o sucesso do investimento e determina tipos diferentes de investidores."

Com base nessas observações, Gazel analisa quatro tipos diferentes de investidores, conforme atendam – ou não – a esses pontos que ele considera essenciais: se sabem perder e esperar.

A JOVEM INVESTIDORA – ESTA ESBANJA SERENIDADE!

- *O investidor sabe perder? Sim!*
- *O investidor sabe esperar? Sim!*

Mãe de três filhos, o mais velho completou 5 anos recentemente. Os outros dois têm 1 e 3 anos respectivamente. Empresária e confiante no futuro do país, optou por abandonar a jurássica caderneta de poupança e comprar ações mensalmente para os filhos. Começou a fazer isso em 2006, quando o primogênito tinha 1 ano, e foi aumentando o valor dos depósitos mensais conforme a família foi crescendo. Viu a poupança crescer bastante nos anos de 2006 e 2007, e viu perder muito valor durante a crise de 2008. Não ficou feliz, mas não entrou em desespero ao ver a poupança dos filhos perder valor, mantendo a estratégia. Ela sempre compra ações de um dos principais bancos privados do país, e em nenhum momento mudou seu projeto no meio da crise. Ela continua fazendo seus aportes mensais e acreditando que esse banco vai se valorizar bastante até que os filhos cheguem à idade adulta.

- *O investidor sabe perder? Sim!*
- *O investidor sabe esperar? Não!*

Rapaz com inteligência destacada para seus 25 anos. Recebeu uma herança do avô e decidiu que operar no mercado de ações seria sua profissão. É especialista em análise gráfica e fica *on-line* nos principais fóruns que debatem o tema. Em 2009, ano de forte alta nos mercados, conseguiu mapear as cinco ações de maior alta no ano (com altas bem superiores a 100%), mas viu seu patrimônio diminuir 30%. Os fóruns e gráficos ajudaram a identificar a oportunidade. O conhecimento do mercado e o espírito aventureiro fazem com que ele não se descabele com perdas e esteja sempre pronto para correr o máximo risco possível. Quando identificou o primeiro papel no setor de construção civil, colocou todo o seu patrimônio ali. Estudou, se informou e resolveu arriscar... Ele achava que uma operação de fusão traria resultado imediato, mas, depois de duas semanas do fato sem a resposta esperada da ação, pelo contrário, na verdade caiu um pouco em relação à sua compra, logo depois de ler sobre rumores dessa fusão em um fórum que comentava as recentes altas da ação. Desanimado com a lentidão da ação e curioso com uma empresa de biocombustíveis que reestruturava sua dívida, realizou um pequeno prejuízo na construtora e colocou todas as suas fichas nas perspectivas de bons resultados oriundos dessa reestruturação. Não é necessário dizer que logo em seguida a essa mudança um plano de incentivo do governo fez com que a empresa que deixou "bombasse", enquanto o mercado continuava aguardando notícias e resultados de sua nova tartaruga, a de biocombustíveis. E assim, sem paciência, foi trocando, e passando perto de conseguir multiplicar seu dinheiro, sem contudo atingir esse objetivo. Mas, é bom ressaltar que ele não perdeu o sono e nem se frustrou, e mais do que isso, continua tentando multiplicar o seu dinheiro todo de uma vez.

A INVESTIDORA VETERANA – E INCONFORMADA

- *O investidor sabe perder? Não!*
- *O investidor sabe esperar? Não!*

Trata-se de uma senhora viúva e aposentada. Tem um patrimônio muito razoável e suficiente para ter uma vida sem nenhum aperto, pelo contrário. Viúva não só do marido, mas também das antigas taxas de juros pagas no país, fica inconformada com rendimentos inferiores a 1% no mês e pede o tempo todo que se aumente o risco de suas aplicações, mesmo que as rentabilidades dos investimentos mais conservadores sejam suficientes para pagar todas as suas contas e ainda aumentem o seu patrimônio a cada mês. Como ela não resgata nem os juros de seus investimentos, existe espaço para que ela corra um pouco de risco e tente atingir rentabilidades um pouco mais próximas daquelas gravadas em sua memória. Ela investe um pequeno percentual de seu patrimônio em ações, e, por menor que seja o impacto em sua vida, ela entra em pânico sempre que a bolsa cai e resgata o dinheiro imediatamente, mesmo que os ganhos acumulados sejam suficientes para justificar o investimento que havia sido comprometido para o longo prazo. Depois de alguns meses, indignada com as baixas rentabilidades, investe em ações novamente. Ela repetiu esse ciclo sete vezes nos últimos três anos.

O EX-ESTRATEGISTA – O CORAÇÃO TEM RAZÕES...

- *O investidor sabe perder? Não!*
- *O investidor sabe esperar? Sim!*

Executivo de uma multinacional resolveu investir 30% do seu patrimônio em uma carteira de ações. Essa carteira, formada em 2009, tinha como estratégia manter 80% do patrimônio em ações *"blue chips"* e 20% em "apostas" de curto prazo. Ele definiu como *aposta* dicas que receberia de amigos que trabalham no mercado, sempre na tentativa de altos retornos. Essas ações seriam compradas e vendidas no período máximo de um mês ou com um limite de 10% de perdas. A primeira "aposta" foi uma empresa do setor de cana-de-açúcar. Ele estava tão convicto de que seria um bom investimento que jogou sua estratégia fora e foi vendendo suas *blue chips* e comprando mais dessa usina que ficava a cada dia mais barata. Hoje, 16 meses depois, ele tem 100% de sua carteira (que já não representa mais 30% do patrimônio) em ações de sua primeira "aposta", que, além de representar cinco vezes mais do que os 20% iniciais e ficar na carteira por bem mais do que o tempo limite de um mês, vale 37% menos do que o valor que pagou, valor bem mais baixo do que o limite de perda. O fato de não saber perder, e não querer admitir o erro e o prejuízo para não se frustrar, levou nosso executivo a não cumprir seu plano inicial e estar entupido de uma empresa de que ele não gosta e nem sequer entende.

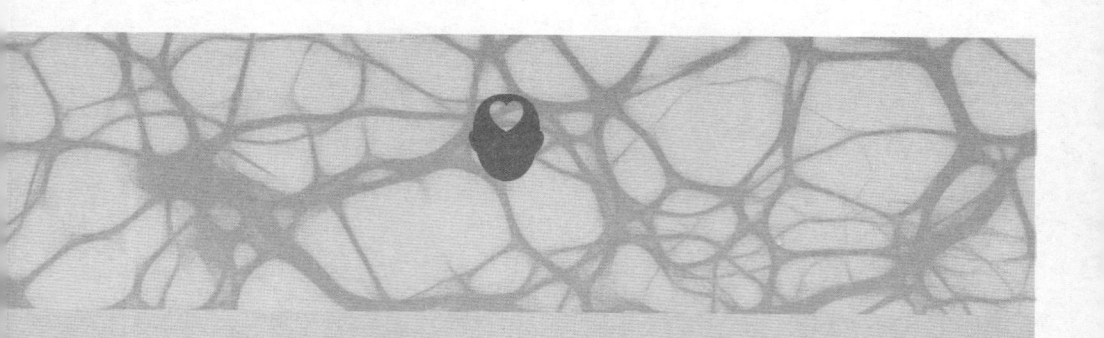

Notas

1. Whitney R. Tilson, em material repassado por Raphael Galhano – valeu!
2. THALER & SUNSTEIN, 2008.
3. Esta seção é uma adaptação de material de pesquisa realizada pela autora para o Ibope e a Rede Globo, em 2010.
4. GAZEL JR., Marco A. "Perfis de investidores". *Trabalho não publicado*, 2010.

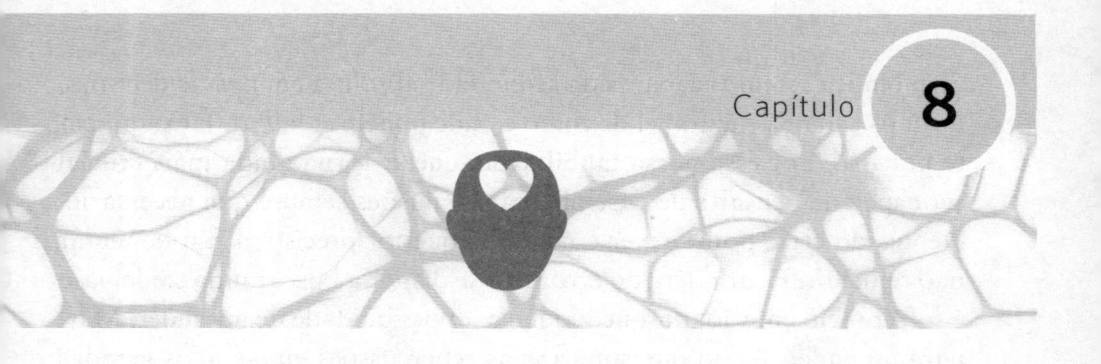

Capítulo 8

PARA TERMINAR – PENSAMENTO VS. ILUSÃO – A LUTA CONTINUA!

Só posso finalizar este livro referindo-me à dimensão mental, nunca à francamente financeira, que não é minha praia, como afirmei desde o início. Ao longo de toda a nossa conversa aqui, um grande eixo esteve por trás de tudo o que foi dito: você consegue pensar sobre suas finanças, seus investimentos, seu dinheiro, ou vive se rendendo às ilusões?

Anos atrás, alguém me disse, em francês – e eu reproduzo assim, para ficar mais charmoso, claro: *"il faut avoir beaucoup d'illusions, et les perdre peu a peu"*.[1] Sim, talvez a gente precise de ilusões para aguentar as contundências da vida. O Woody Allen também brincou com isso, se não me engano, no final de *Annie Hall*, quando um personagem conta uma anedota algo pungente, sobre um familiar que acreditava possuir uma galinha dos ovos de ouro – "Mas ele deve estar maluco... Isso não existe!", exclama o interlocutor, ao que o primeiro responde: "Sim, mas se dissermos isso a ele, como faremos para viver sem os ovos de ouro da galinha?".

Encarar a realidade, a si mesmo, ao modo como administra seus investimentos, com os foras que dá às vezes, nada disso é muito agradável. Mas essa é a eterna luta: pensar, com tudo que isso implica de trabalhoso e doloroso, mas com vistas a evoluir e não mais sofrer tanto em vão, ou embarcar em ilusões que prometem gozo imediato e procuram fechar nossos olhos para seu custo futuro. Não se trata de um dilema moral. É mais do que isso. É sobre como pretende levar sua vida, investimentos incluídos na bagagem.

Nunca seremos capazes da serenidade absoluta em nossas decisões, e vimos exemplos a granel de como e onde podemos falhar. É exatamente por isso, por essa nossa falibilidade, que se torna ainda mais crucial ser capaz de pensar e de desembarcar de ilusões sempre que necessário. Depois do erro, poder rever e mudar o que for preciso, a fim de tentar não reincidir. Ficar refém do erro, sem se dispor a buscar uma saída, isso é sofrer meio em vão, porque bloqueia a possibilidade de aprender. Mas, para aprender, tenho que suportar as repercussões emocionais geradas pelas experiências de frustração, o que nunca é muito gostoso, embora seja o caminho que conhecemos até o momento.

Nosso caro Bion diz uma coisa instigante sobre isso.[2] Para ele, não produzimos pensamentos, propriamente, mas antes *alcançamos* – ou não – pensamentos que já estão por aí, de modo que pensar resultaria da evolução de duas instâncias, que são:

1.   o desenvolvimento dos pensamentos;

2.   o desenvolvimento de um "aparelho", a nossa mente, que dê conta dos pensamentos.

Nesse sentido, o pensar seria um desenvolvimento imposto à psique pela pressão dos pensamentos. Tudo isso, naturalmente, recheado pela condição emocional de tolerar todas essas pressões ou não. Daí a importância da dimensão emocional em nossa vida e em nossa capacidade de tomar decisões.

Pensar contrapõe-se a iludir-se. E se pensar – e consertar erros, danos, perdas, *reparar*, em outras palavras –, livra-nos da prisão das repetições de equívocos, daí começa a interessar praticar essa modalidade, certo? Mesmo que envolva um pouco de suor psíquico...

Fica a seu critério identificar os momentos em que vale a pena empreender essa jornada com relação a seus investimentos. Na minha modesta opinião, sempre que a decisão for de grande porte e tiver desdobramentos importantes. Se quiser, vale até separar uma pequena quantia para usar de modo "instintivo" e observar o que acontece, claro. Talvez, nessa prática real, você consiga captar melhor como sua cabeça funciona quando investe, e a partir dessa experiência real se municie com as estratégias mais adequadas na hora de a onça beber água para valer.

Fiz questão de falar muito de crise e de como fica a cabeça do investidor nessas ocasiões, porque essas situações nos oferecem um tipo de "janela epistemológica" (chique, né?) para examinarmos a questão. Eu explico: em momentos de turbulência, várias de nossas características psicológicas aparecem com maior nitidez, sem máscara, um pouco aumentadas, talvez, mas por isso mesmo nos permitindo ter uma visão mais minuciosa de sua dinâmica.

Daí é só trazer para o dia a dia dos investimentos, que a coisa não muda muito, não. Com frequência, sentimo-nos na urgência de ter que fazer escolhas, apostas, tentar adivinhar o futuro, tudo de afogadilho, quase no pânico, sem saber se acertamos ou demos a maior bola fora da paróquia, tal qual nos momentos de euforia ou desespero.

Então, é isso aí. Tomara que você tenha achado pelo menos algumas destas ideias e descrições de estudos proveitosas para os seus negócios e suas decisões. É possível que se veja, agora, na condição de querer saber mais, seja lendo mais sobre finanças comportamentais, sobre planejamento financeiro e investimentos propriamente ditos, ou sobre sua própria cabeça, quando então iria para leituras em Psicologia Econômica e Psicanálise. Consultar especialistas, como os planejadores financeiros, gestores de investimentos e outros profissionais, fazer cursos sobre todos esses temas,[3] conversar a respeito, observar-se e pensar com os próprios botões, são todos exemplos de estratégias que podem ajudá-lo a administrar melhor seu dinheiro e seus investimentos. Receitinha pronta para fazer isso não há. Então, para terminar, deixo-o com esta sábia recomendação do mestre Freud:

> Não existe uma regra de ouro que se aplique a todos: todo homem tem de descobrir por si mesmo de que modo específico ele pode ser salvo. Todos os tipos de diferentes fatores operarão a fim de dirigir sua escolha. É uma questão de quanta satisfação real ele pode esperar obter do mundo externo, de até onde é levado para tornar-se independente dele, e, finalmente, de quanta força sente à sua disposição para alterar o mundo, a fim de adaptá-lo a seus desejos. Nisso, sua constituição psíquica desempenhará papel decisivo, independentemente das circunstâncias externas [...]. Seu êxito jamais é certo, pois depende da convergência de muitos fatores, talvez mais do que qualquer outro, da capacidade da constituição psíquica em adaptar sua função ao meio ambiente e então explorar esse ambiente em vista de obter um rendimento de prazer (Freud, 1930, p. 103).

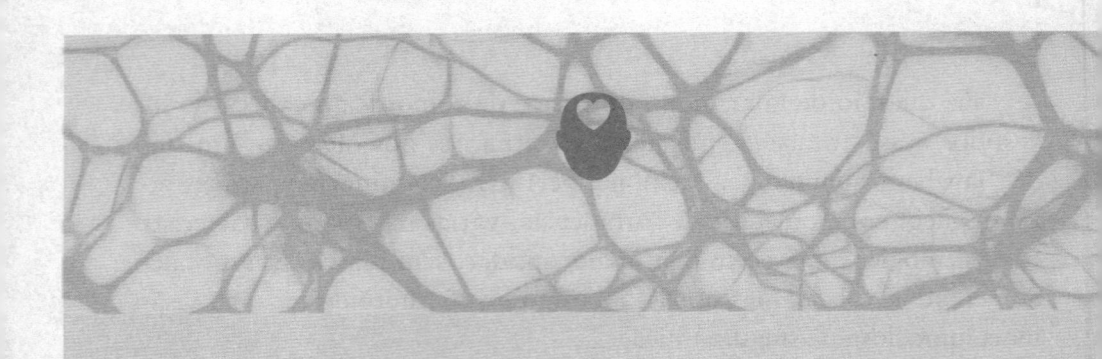

Notas

1. "É preciso ter muitas ilusões, e perdê-las pouco a pouco."

2. BION, p. 185-6, 1961.

3. Aproveitando o ensejo, na Fipecafi - Fundação Instituto de Pesquisas Contábeis, Atuariais e Financeiras, ligada à FEA-USP, em São Paulo, vários desses cursos são oferecidos, inclusive o meu, de Introdução à Psicologia Econômica.

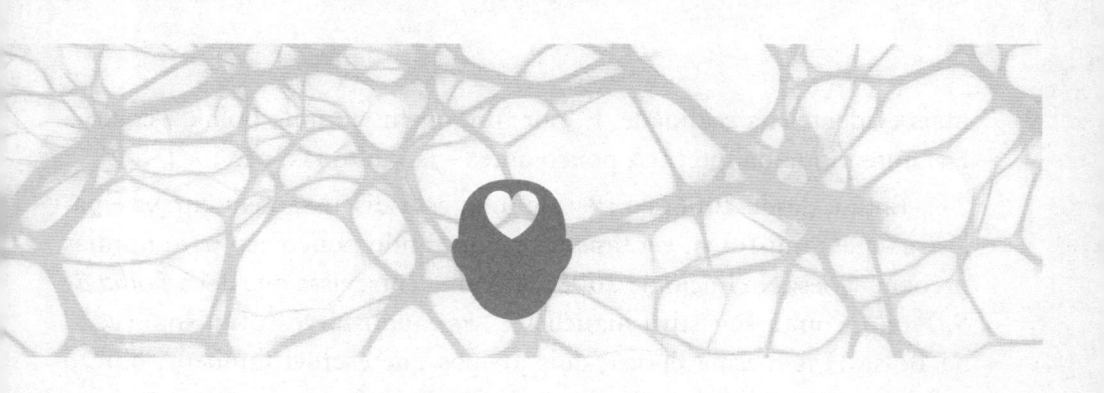

APÊNDICE

Eu dedei a bolha antes de ela estourar – e posso provar!

Não fui a única, é claro, como a história recente mostrou. Além do hoje renomado economista Nouriel Roubini e de Paul Krugman, ganhador do prêmio Nobel justamente em 2008, muitas outras vozes se levantaram antes do estouro da bolha das hipotecas, dos derivativos, do crédito ou do *subprime*, como quer que se queira chamar. E explico: meus alertas não se deveram a complexos cálculos matemáticos nem a uma capacidade ímpar de intuir corretamente o futuro; credito-os, talvez, ao simples exercício da disciplina cotidiana, que nos treina, aos psicanalistas, a ampliar nossa capacidade de tolerar a repercussão interna de nossos próprios sentimentos, quando gerados pela desconfortável experiência da frustração. E, talvez, também à leitura, em 2000, do livro *Exuberância irracional*,[1] sobre a bolha da internet.

Assim, quando examinava as análises de especialistas em economia e finanças, que alertavam para a insustentabilidade econômica e financeira pré-setembro de 2008, não podia deixar de observar e de concordar com o que eles apontavam. Ao mesmo tempo, via também as manifestações de euforia da massa e das autoridades de praticamente todos os países com expressão na área, e igualmente me inquietava com o descompasso entre suas certezas triunfantes e os espasmos cada vez mais evidentes na realidade. E, por fim, quem viu uma bolha – como a bastante nítida da internet, pouco antes – já viu todas, né...

Então, desde 2006, eu já propunha essa discussão em cursos e palestras que ministrava, geralmente encontrando pouco eco para minhas preocupações. No início de 2008, saiu uma entrevista que dei à *Folha de S. Paulo*, com a sugestiva manchete: "Psicanalista vê "otimismo cego" na Bolsa".[2] À mesma época, dois artigos que escrevi também sobre o tema foram publicados no jornal *Valor Econômico*, apontando para o risco que vivíamos – em grande parte, sem tomar consciência dele. Como Kahneman não se cansa de afirmar, o otimismo excessivo é um grande vilão, e corremos riscos porque não nos damos conta de que estamos correndo riscos...

Transcrevo, a seguir, os dois artigos – e proponho este exercício de memória:

 "E você, o que pensava nessa época sobre o assunto?"

"O problema é que só queremos boas notícias."

(*Valor Econômico*, 23/jan/2008)

Em períodos de turbulência e incerteza, convém apertar os cintos e expandir a capacidade de pensar. Estudos psicoeconômicos podem fornecer algumas linhas de análise úteis para o investidor, que enumero a seguir:

1. Em geral, só queremos e gostamos de boas notícias; logo, pensar não é fácil, nem automático. E aí mora o perigo. Saborear o que dá certo não requer muita habilidade, ao passo que é preciso, para enfrentar tormentas, um certo treino que dificilmente se tem, pois tendemos a evitar o encontro direto com o que desagrada; no entanto, são estes momentos que mais exigem que se use a cabeça – pensar é fruto de uma espécie de vazio, uma ausência de respostas que induz a mente,

mediante esforço e deliberação, a alcançar ângulos não captados até então; ou seja, a hora é agora, mãos à obra.

2. Apesar de a mídia nos bombardear com a chamada "aversão a risco", a verdade é que demonstramos *aversão à perda* – este ponto é importante, pois suas implicações podem nos expor a… risco – supostamente, aquilo que se desejaria evitar! Funciona assim: mesmo que, conscientemente, cada um acredite que procura evitar situações de risco, sem querer, pode suceder o oposto – quando se vê na iminência de perder, que é o que incomoda mesmo, a pessoa acaba correndo muito mais riscos do que o faria em outras circunstâncias; no caso dos investimentos, se for tomado pelo pânico e pela intolerância à perspectiva de perder dinheiro, a opção pode ser por negociações irrefletidas, que possuem um único objetivo – afastar o investidor daquela posição que o angustia – mesmo que ele perca dinheiro com transações afobadas, o que nos leva ao ponto seguinte.

3. O exame no longo prazo é um dos melhores amigos do investidor – qualquer análise rápida, superficial e precipitada é convite à encrenca; nosso sistema perceptivo está ajustado para reconhecer mudanças relativas de estado, e não alterações de valores absolutos – como na velha história da mão imersa em água morna, depois de estar mergulhada em água gelada, quando a água parecerá muito mais quente do que, de fato, está. Acontece parecido com as finanças. Sem se lembrar de quanto foi o investimento inicial, nem de seus objetivos quando fez aquelas aplicações, o investidor pode ser colhido pelo calor dos acontecimentos indesejados e, como consequência, calcular de forma equivocada suas posições; ou seja, será que sua condição atual é tão feia quanto parece, se comparada ao seu ponto de partida? E ao patrimônio total? Isto não significa que você não deva se desfazer, nem manter, nada automaticamente – significa, apenas, que você pode ver as coisas de outra perspectiva e, assim, ganhar fôlego para

pensar com mais cuidado sobre seus próximos passos – e *isto* pode fazer diferença, no longo prazo.

4. Oscilações importantes do mercado são terreno fértil para a eclosão do conhecido *comportamento de manada* – somos dotados de um profundo sentido de desamparo e, como tentativa (vã) de nos afastarmos desse sentimento, buscamos refúgio na companhia dos pares; o problema é fazermos isso independentemente da direção que tomarem e mesmo quando contrária ao que acreditamos ser a melhor alternativa; identificar quando esta sensação de solidão ativa medos e fantasmas mais profundos pode ser o primeiro antídoto ao impulso de juntar-se à multidão, para que seja possível, então, usar a própria cabeça para decidir o que é melhor naquele caso; por outro lado, há que ficar alerta com relação à atração pelo comportamento oposto, de autoconfiança excessiva – acreditar que tudo sabe e tudo pode; se olharmos com cuidado, veremos que, ainda que possam levar sinais opostos, ambas são manifestações da mesma dificuldade para tolerar a própria fragilidade, e podem sinalizar necessidade de assessoria técnica para serem enfrentadas.

5. É essencial considerar, tanto quanto possível, a totalidade do panorama, pois sabemos que nossas limitações nos impõem o efeito de enquadramento (*framing*), quando apenas certos aspectos da situação recebem destaque; uma vez que nossas decisões se basearão em informações tão incompletas, não é difícil imaginar a probabilidade de haver equívocos e prejuízos como decorrência. Apenas um pequeno exemplo – você se lembra de calcular os impostos e outras taxas que incidirão sobre o que pretende negociar? Sabe qual será o seu impacto sobre o retorno pretendido? Haveria outros pontos importantes passando igualmente despercebidos? Ainda dá tempo para pensar – na ausência de bola de cristal, esta é nossa única opção.

Pode ser que você tenha recebido ovos de chocolate nos últimos dias e, se é leitor deste jornal, deve ter idade suficiente para saber que não foi o coelho da Páscoa quem os trouxe. Apesar de óbvia neste âmbito, a constatação de que o coelho não existe pode ser um pouco menos definitiva em outros casos.

É o que acontece, por exemplo, quando manifestamos otimismo exagerado, sem fundamento suficiente na realidade. O psicólogo e Nobel de Economia Daniel Kahneman é um dos pesquisadores que chama a atenção para isso, alertando para os riscos de se embarcar em previsões suculentas e tentadoras, embora não contem com o respaldo dos fatos. Uma espécie de acreditar que o coelho da Páscoa pudesse transformar desejo em realidade, hipotecas sem sombra de pagamento no horizonte em ativos respeitáveis, apostas sobre alavancagens mirabolantes em gordos retornos certos, mercados financeiros desprovidos de lastro e regulação em espirais de ganhos perpétuos e consistentes, investimentos (que sempre encerram risco, já que dinheiro é construção social, condicionada, portanto, à credibilidade dos usuários naquela moeda) em cornucópias mágicas e garantidas pela eternidade. Seria bom se pudesse existir esse mundo de bens *infinitos*, onde todos se sentissem plenamente satisfeitos! Pois é, mas, assim como o coelho da Páscoa, isso não existe.

Recentemente, foram abertas algumas comportas de análises da conjuntura econômica mundial com tonalidades mais sombrias. Alguns poderão indagar: onde estavam seus autores enquanto todos surfavam alegremente a longa exuberância que parecia sem fim nos mercados financeiros mais importantes ao redor do mundo? Mas outra pergunta poderia ser: o que foi que *eu* escolhi perceber?

Essa história de "bolha" lembra a situação do alcoolista – você já experimentou perguntar a um sujeito bom de copo, depois de ele ter tomado várias, se ele se encontra intoxicado? Raramente a resposta será afirmativa – embora, no dia seguinte, em meio à ressaca, ele não tenha dificuldade em admitir ter se excedido na véspera. Com as bolhas no mercado financeiro é parecido: poucos reconhecem sua vigência no presente, mas é fácil apontá-las *depois*.

O problema do otimismo excessivo pode ser um dos fatores que ajude a explicar essa dificuldade. Outro ponto é o seguinte: intensidade não é sinônimo de verdade, ou seja, não é a força das negativas que transformará a ficção em realidade – mesmo que negativas veementes impressionem! E ainda tem a questão do *framing*, a tendência a enquadrar e destacar certos aspectos das informações, em detrimento de outros que poderiam ser mais importantes naquela situação. Adivinhe qual nuance será favorecida em épocas de bolha? E quais serão desprezadas? Forma-se o consenso otimista de que tudo vai dar certo – agora, alguém quer ficar fora da delícia? Às favas com as observações sobre padrões que se repetem, alertas sóbrios sobre finais inevitáveis, apelos ao exame racional da situação. Poucos aceitam ou aguentam ficar no lugar do desmancha-prazeres e, em menor número ainda, se fazem ouvir. É a velha história: só gostamos do que nos agrada – independentemente de ser real ou não – e, em simetria, detestamos tudo que contrarie nossas expectativas e nos prive de fruição imediata – mais uma vez, ainda que seja tão real que venhamos a pagar um preço pelo fato de ignorar estas condições em nome do desconforto do momento.

Em resumo, buscamos um mundo onde só exista satisfação; é o que denominamos, na Psicanálise, "intolerância à frustração". E atenção: é bom não brincar com esta poderosa tendência, prevalente em todos nós, porque, para evitar o desprazer, jogamos fora o bebê com a água do banho! Isto é, abrimos mão da condição de pensar, se isso ameaça implicar dor. Claro, mais para frente, chega o pedágio; e, com ele, novas tentativas de empurrar com a barriga o que incomoda – e assim vai, até explodir, um dia. Daí é ressaca.

Mas pode ser, também, a chance para ampliar o universo de análise dos fatos e pensar *sem* heurísticas automáticas, que nos restringem a um repertório só de desejos, crenças, lembranças ou expectativas prazerosas. Em seu lugar, panorama enquadrado a partir de tantos ângulos quanto possível, horizonte de longo prazo, fôlego psíquico para resistir aos apelos da manada, das pressões ou de novas sereias. O ganho? Maior conhecimento e, junto, responsabilidade pelas próprias escolhas – com o bônus de poder aprender com elas, o único jeito de aprimorar o processo decisório, sem a ajuda de coelhos suspeitos.

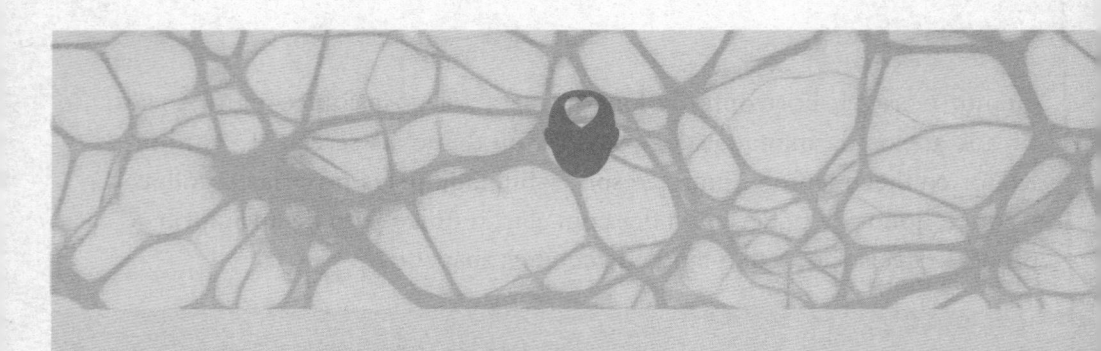

Notas

1. SHILLER, 2000.
2. Por Toni Sciarreta, *Folha de S. Paulo*, 11.2.08.

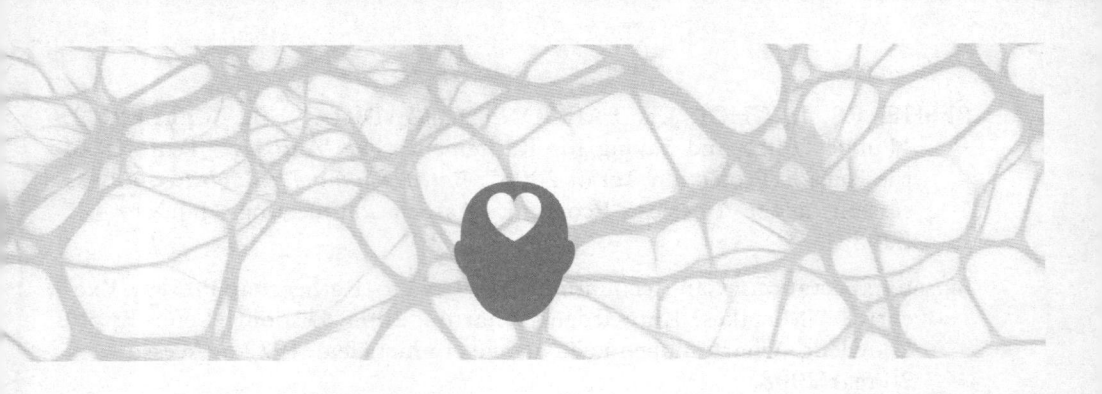

REFERÊNCIAS

AKERLOF, George & SHILLER, Robert. *Animal Spirits – How Human Psychology Drives the Economy, and Why It Matters for Global Capitalism*. Princeton: Princeton University Press, 2009.

ARIELY, Dan. *Previsivelmente irracional*. Rio de Janeiro: Campus, 2008.

ASCH, Salomon. "Studies of Independence and Conformity: 1. A Minority of One against a Unanimous Majority." Psychological Monographs, 70:1 – 70, 1956.

BAR-ELI, Michael, AZAR, Ofer, RITOV, Ilana, KEIDAR-LEVIN, Yael & SCHEIN, Galit. "Action Bias Among Elite Soccer Goalkeepers: The Case of Penalty kicks". *Journal of* Economic Psychology, 28 (5): 606-621, 2007.

BARBER, Brad M. & ODEAN, Terrance. Individual Investors. *In* R. THALER (ed.) *Advances in Behavioral Finance*. v.II. Nova York: Russell Sage Foundation; Princeton: Princeton University Press, 2005.

BARBERIS, Nicholas & THALER, Richard. A Survey of Behavioral Finance. *In* G.M. Constantinides, M. Harris and R. Stulz (ed.) *Handbook of the Economics of Finance*. Londres: Elsevier, 2003.

BAZERMAN, Max. *Processos Decisórios – Para cursos de Administração, Economia e MBAs*. Trad. A. S. Marques. Rio de Janeiro: Campus/Elsevier, 2004.

BELSKY, Gary & GILOVITH, Thomas. *Proteja seu dinheiro de você mesmo*. São Paulo: Futura, 2002.

BEN-ER, A., KONG, F. & PUTTERMAN, L. Share and Share Alike? Gender-Pairing, Personality and Cognitive Ability as Determinants of Giving. *Journal of Economic Psychology*, v. 25, pp. 581-589, 2004.

BESHEARS, J., CHOI, J.J., LAIBSON, D., MADRIAN, B., WELLER, B. "Public Policy and Saving for Retirement: The 'Autosave' Features of the Pension Protection Act of 2006". *Better Living Through Economics* sessions at the American Economics Association meetings, January 4-7, 2008.

Biased Expectations: Can Accounting Tools Lead to, Rather than Prevent, Executive Mistakes? Knowledge@Wharton, 2008. Disponível em: http://knowledge.wharton.upenn.edu/article.cfm?articleid=1922. Acesso em 20/mar/2008.

BION, Wilfred. [1961] A Theory of Thinking. *In Second Thoughts - Selected Papers on Psychoanalysis*, Londres: William Heinemann Medical Books Limited, 1967.

_____ [1962] *Learning from Experience*. Londres: Maresfield Reprints, 1984.

_____ [1963] *Elements of Psycho-Analysis*. Londres: Maresfield Reprints, 1984.

_____ [1970] *Atenção e interpretação – uma aproximação científica à compreensão interna na psicanálise e nos grupos*. Trad. Carlos H. Affonso. Rio de Janeiro: Imago, 1973.

_____ *Experiências com grupos*. Trad. W. I. Oliveira. Rio de Janeiro: Imago, São Paulo: Edusp, 1975.

_____ [1979] Making the Best of a Bad Job. *In*: BION, Wilfred Ruprecht. *Clinical Seminars and Four Papers*. Abingdon: Fleetwood Press, 1987.

_____ *Cogitations*. Londres: Karnac Books, 1992.

BURNHAM, Terry. *Mean Markets and Lizard Brains: How to Profit from the New Science of Irrationality*. Hoboken: John Wiley & Sons, 2008. 2. ed.

CAMERER, Colin, LOEWENSTEIN, George & PRELEC, Drazen. Neuroeconomics: How Neuroscience Can Inform Economics. *Journal of Economic Literature*, v. XLIII: 9-64, 2005.

CHOI, J.J., LAIBSON, D. & MADRIAN, B. Are Empowerment and Education Enough? Underdiversification *in* 401(k) Plans. *Brookings Papers on Economic Activity*, 2, p.151-213, 2005.

DAMASIO, Antonio. *O erro de Descartes*. São Paulo: Cia. das Letras, 1996.

DE BONDT, Werner F. M. Stock Prices: Insights from Behavioral Finance. *In* A. Lewis (ed.), *The Cambridge Handbook of Psychology and Economic Behaviour*, Nova York: Cambridge University Press, 2008.

DELANEY, L. e O'TOOLE, F. Individual, Household and Gender Preferences For Social Transfer. *Journal of Economic Psychology*, 29 (3): 348-359, 2008.

EARL, Peter E.; PENG, Ti-Ching, POTTS, Jason. Decision-Rule Cascades and the Dynamics of Speculative Bubbles. *Journal of Economic Psychology*, 28 (3): 351-364, 2007.

EARL, Peter E. "Behavioral Economics and the Economics of Regulation." *Briefing paper prepared for the New Zealand Ministry of Economic Development*, 2005.

FELLNER, G. & MACIEJOVSKY, B. Risk Attitude and Market Behavior: Evidence from Experimental Asset Markets. *Journal of Economic Psychology*, v. 28, pp. 338-350, 2007.

FERREIRA, Vera Rita de Mello. *Psicologia Econômica: origens, modelos, propostas.*

Tese de Doutorado, Programa de Estudos Pós-Graduados em Psicologia Social, PUC-SP. São Paulo, 2007a. (disponível para download em http://www.verarita.psc.br/portugues.php?id=mural ou http://www.verarita.psc.br/portugues.php?id=psico).

_____ *Decisões econômicas: você já parou para pensar?* São Paulo: Saraiva, 2007b.

_____ The critical Decision: A Psychoanalytic Contribution to The Investigation of Decision Making. *Proceedings of the 32nd IAREP Conference*, Ljubljana, Eslovênia, 2007c.

_____ Informações econômicas e ilusão – uma contribuição psicanalítica ao estudo de fenômenos econômicos. Ágora – *Revista de Teoria Psicanalítica*, 10 (1): 107-126, 2007d.

_____ *Psicologia Econômica – estudo sobre comportamento econômico e tomada de decisão.* Rio de Janeiro: Campus/Elsevier, 2008a.

_____ "Debating an Agenda for Applications *in* Economic Psychology – Brazilian Proposals." *Proceedings of the 33rd IAREP/SABE World Meeting*, Roma, Itália, 2008b.

_____ "Psicologia Econômica, Mulher e Tomada de Decisão." *In* V. Meirelles, *Mulher do Século XXI*, pp. 95-110. São Paulo: Roca, 2008c.

_____ Again, What is It That You Believe? – A Study of Psychological Factors at Work Over the Market Throughout Major Political-Economic Events. *Anais do XXVIII International Association for Research in Economic Psychology Annual Colloquium.* Christchurch: Nova Zelândia, 2003.

189

REFERÊNCIAS

FERREIRA, Vera Rita de Mello & LISONI, Thiago. Quem avalia o risco? – perspectiva histórica e análise interdisciplinar de decisões sobre risco. *Revista de Economia & Relações Internacionais*, 8 (15): 36-60, 2009.

FINUCANE, Melissa L., ALHAKAMI, Ali, SLOVIC, Paul & JOHNSON Stephen M. The Affect Heuristic in Judgments of Risks and Benefits. *Journal of Behavioral Decision-Making*, 13: 1-17, 2000.

FREUD, Sigmund. (1911-1976) Formulações sobre os dois princípios do funcionamento mental. v.12, da *Edição Standard Brasileira das Obras Psicológicas Completas de Sigmund Freud*, Rio de Janeiro: Imago.

_____ [1915a] O Inconsciente. V.14, idem.

_____ [1915b] A Repressão. V. 14, idem.

_____ [1915c] Os instintos e suas vicissitudes. V.14, idem.

_____ [1920] Além do princípio do prazer. V.18, idem.

_____ [1921] Psicologia de grupo e a análise do ego. V.18, idem.

_____ [1927] "O Futuro de uma Ilusão". Vol.21, idem.

_____ [1930] O mal-estar na civilização. V.21, idem.

_____ [1932/3] A questão de uma Weltanschauung. v.22, idem.

FURNHAM, Adrian & ARGYLE, Michael. *The Psychology of Money*. Londres: Routledge, 1998.

GAZEL JR., Marco A. "Perfis de Investidores". *Trabalho não publicado*, 2010.

GIGERENZER, Gerd. I think, Therefore I Err. *Social Research*, 72: 195-218, 2005.

GREENWOOD, Robin & NAGEL, Stephan. Inexperienced Investors and Bubbles. 2006.

HONG, Harrison, KUBIK, Jefferson & STEIN, Jeremy. Thy Neighbor's Portfolio: Word-of-Mouth Effects in the Holdings and Trades of Money Managers. *The Journal of Finance*, LX (6): 2801-2824, 2005.

JANISZEWSKI, Chris & UY, Dan. Precision of the Anchor Influences the Amount of Adjustment. *Psychological Science*, 19 (2): 121-127, 2008.

KAHNEMAN, Daniel & TVERSKY, Amos. Prospect Theory: an Analysis of Decision Under Risk. *Econometrica*, 47 (2), 1979.

KAHNEMAN, Daniel, KNETSCH, Jack & THALER, Richard. Anomalies: The Endowment Effect, Loss Aversion, and Status Quo Bias. *The Journal of Economic Perspectives*, 5 (1): 193-206, 1991.

KAHNEMAN, Daniel. Experienced Utility and Objective Happiness: a Moment-Based Approach. *In* D. Kahneman & A. Tversky (eds.) *Choices, Values and Frames.* Nova York: Cambridge University Press e Russell Sage Foundation, 2000.

_____ Maps of Bounded Rationality: a Perspective on Intuitive Judgment and Choice. *Prize Lecture – Nobel Prize*, Dec.8th, 2002. Disponível em http://nobelprize.org/economics/laureates/2002/kahnemann-lecture.pdf. Acesso em 24/jan/2003.

KATONA, George. *Psychological Economics.* Nova York: Elsevier, 1975.

KINDLEBERGER, Charles. *Manias, pânicos e crashes – um histórico das crises financeiras.* Trad. Vânia Conde e Viviane Castanho. Rio de Janeiro: Nova Fronteira, 2000.

KNUTSON, Brian, WIMMER, G. Elliott, RICK, Scott, HOLLON, Nick G., PRELEC, Drazen & LOEWENSTEIN, George. Neural Antecedents of the Endowment Effect. *Neuron*, 58: 814–822, 2008.

KUHNEN, Camelia M. & KNUTSON, Brian. The Neural Basis of Financial Risk Taking. *Neuron*, 47 (5): 763-770, 2005.

LAHART, Justin. Uma tentativa de entender a origem de bolhas especulativas. Valor Online, 28/mai/2008.

LERNER, Jennifer, SMALL, Deborah e LOEWENSTEIN, George. Heart Strings and Purse Strings - Carryover Effects of Emotions on Economic Decisions. *Psychological Science*, 15 (5): 337-341, 2005.

LOEWENSTEIN, George. The Pleasures and Pains of Information. *Science*, 312, 704-706, maio, 2006.

LOEWENSTEIN, George & HAISLEY, Emily. The Economist as Therapist: Methodological Ramifications of "Light" Paternalism. *In* A. Caplin and A. Schotter (Eds.), "Perspectives on the Future of Economics: Positive and Normative Foundations", v. 1 *in The Handbook of Economic Methodologies*, Oxford: Oxford University Press, 2008.

LOEWENSTEIN, George, WEBER, Elke, HSEE, Christopher & WELCH, Ned. Risk as feeling. *Psychological Bulletin*, 127 (2): 267-286, 2001.

LOEWENSTEIN, George & THALER, Richard. Anomalies: Intertemporal Choice. *The Journal of Economic Perspectives*, 3 (4): 181-193, 1989.

MEIER-PESTI, K. & PENZ, E. Sex or Gender? Expanding the Sex-Based View by Introducing Masculinity and Femininity as Predictors of Financial Risk Taking. *Journal of Economic Psychology*, v. 29, p. 180-196, 2008.

MOSCOVICI, Serge. *A Máquina de Fazer Deuses.* Rio de Janeiro: Imago, 1990.

NATIONAL INVESTMENT SURVEY. Gender Differences in Investment Behavior. Milestone 3 Report, 31/ago/2006. Apresentado ao NASD Investor Education Foundation. p.95.

O'DONOGHUE, Ted & RABIN, Matthew. The Economics of Immediate Gratification. *Journal of Behavioral Decision Making*, 13 (2): 233-250, 2000.

O OTIMISMO É MAU CONSELHEIRO. Entrevista com Daniel Kahneman. *HSM Management*, 65, novembro-dezembro. 2007.

POWELL, M. & ANSIC, D. Gender Differences in Risk Behaviour in Financial Decision-Making: An Experimental Analysis. *Journal of Economic Psychology*, v.18, pp. 605-628, 1997.

PORTAL EXAME. Hormônios podem determinar decisões dos investidores, afirma estudo. 15/abr/2008. Disponível em http://portalexame.abril.uol. com.br/financas/m0157123.html?printable=true Acesso em 16/abr/2008.

PRINCE, M. Women, Men and Money Styles. *Journal of Economic Psychology*, v. 14, pp. 175-182, 1993.

RABIN, Matt & THALER, Richard. Anomalies: The Winner's Curse. *The Journal of Economic Perspectives*, 15 (1): 219-232, 1991.

ROOS, Michael W. M. An Experiment on Economic News, Affective News and Readers' Macroeconomic Predictions. *Anais da IAREP-SABE Conference Behavioral Economics and Economic Psychology*. Université Paris 1 Panthéon Sorbonne, Elsevier, INRA, Regionelle de France, Centre National de la Recherche Scientifique, Université Paris 5 René Descartes, Paris, França, 2006.

ROSA, Annamaria S., ENRIETTO, Giorgio & GOIOSA, Christina. Key Events in the Media, Emotions and Risk in the Stock Market. *Anais do 30° Congresso de Psicologia Econômica – Absurdity in the Economy*. Praga, República Tcheca, 2005.

RUDMIN, Floyd. Gender Differences in the Semantics of Ownership: A Quantitative Phenomenological Survey Study. *Journal of Economic Psychology*, v. 15, Pp. 487-510, 1994.

SEMYKINA, A. & LINZ, S. Gender Differences in Personality and Earnings: Evidence from Rússia. *Journal of Economic Psychology*, v. 28, pp. 387-410, 2007.

SHAFIR, Eldar & THALER, Richard. Invest Now, Drink Later, Spend Never: on the Mental Accounting of Delayed Consumption. *Journal of Economic Psychology*, 27 (5): 694-712, 2006.

SHILLER, Robert. *Exuberância irracional*. Trad. M. Lucia Rosa. São Paulo: Makron Books, 2000.

_____ Human Behavior and the Efficiency of the Financial System. *Working Paper 6375*, National Bureau of Economic Research, Cambridge, MA, 1998.

SHIV, Baba, LOEWENSTEIN, George, BECHARA, Antoine, DAMASIO, Hannah &

DAMASIO, Antonio. Investment Behavior and the Negative Side of Emotion *Psychological Science*, 16 (6): 435-439, 2005.

SIMON, Herbert A. Rational Decision-Making in Business Organizations. Nobel Memorial Lecture. 8/dez/1978. *Economic Science 1978*. 343-371. Disponível em http://nobelprize.org/economics/laureates/1978/simon-lecture.pdf. Acesso em 15/fev/2006.

SLOVIC, Paul, FINUCANE, M.L., PETERS, E & MacGREGOR, D.G. Risk as analysis and Risk as Feeling: Some Thoughts About Affect, Reason, Risk and Rationality. Risk Analysis, 24 (2): 311-322, 2004.

SLOVIC, Paul. Rational Actors or Rational Fools: Implications of the Affect Heuristic for Behavioral Economics. Artigo apresentado como parte da série de leituras comemorativas do 10º aniversário do Centro para o Estudo da Racionalidade, The Hebrew University, Jerusalém, Israel; Junho, 2002.

THALER, Richard & SUNSTEIN, Cass. *Nudge – Improving Decisions about Health, Wealth and Happiness*. New Haven & Londres: Yale University Press, 2008.

THALER, Richard. Anomalies: The Winner's Curse. *The Journal of Economic Perspectives*, 2 (1): 191-202, 1988.

_____ Anomalies: Saving, Fungibility and Mental Accounts. *The Journal of Economic Perspectives*, 4 (1): 193-205, 1990.

_____ *Advances in Behavioral Finance*. v.II. Nova York: Russell Sage Foundation; Princeton: Princeton University Press, 2005.

TUCKETT, David & TAFFLER, Richard. Phantastic Objects and The Financial Market's Sense Of Reality: A Psychoanalytic Contribution to the Understanding of Stock Market Instability. *International Journal of Psychoanalysis*, 89:389–412, 2008.

TUCKETT, David & ESHRAGI, Arman. A Preliminary Account of an Empirical Investigation of Professional Asset Manager Decision-Making Understood Within the Framework of Emotional Finance." *Proceedings of the 33rd IAREP/SABE World Meeting*, Roma, Itália, 2008.

TUFANO, Peter & SCHNEIDER, Daniel. "Using Financial Innovation to Support Savers: From Coercion to Excitement." Working paper 8-075, 2008.

TVERSKY, Amos & KAHNEMAN, Daniel. Judgment under Uncertainty: Heuristics and Biases. *Science*, 185: 1124-1131, 1974.

TVERSKY, Amos & THALER, Richard. Anomalies: The Winner's Curse. *The Journal of Economic Perspectives*, 4 (2): 201-211, 1990.

WÄRNERYD, Karl-Erik. The economic psychology of the stock market. In A. Lewis (ed.), *The Cambridge Handbook of Psychology and Economic Behaviour*, Nova York: Cambridge University Press, 2008a.

_____ The Psychological Underpinnings of Economics: Economic Psychology According to Gabriel Tarde. *The Journal of Socio-Economics*, 37 (5): 1685-1702, 2008b.

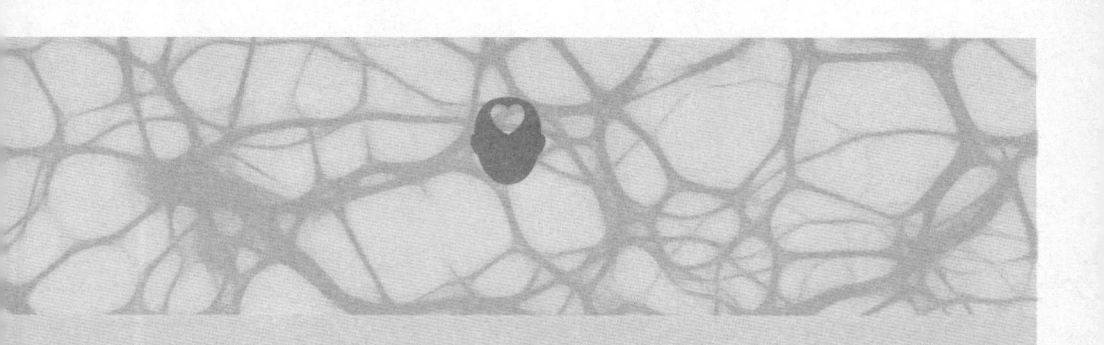

PARA SABER MAIS

DECISÕES ECONÔMICAS – VOCÊ JÁ PAROU PARA PENSAR?
A CABEÇA DO INVESTIDOR
Vera Rita de Mello Ferreira

Presidente da IAREP – the International Association for Research in Economic Psychology

VÉRTICE PSI – Instituto de Psicologia Econômica e Ciências Comportamentais: http://www.verticepsi.com.br / https://cursosverticepsi.com.br/

IAREP – the International Association for Research in Economic Psychology: https://www.iarep.org/

Canal *PÍLULAS DE PSICOLOGIA ECONOMICA* [OBS: Não é acentuado mesmo]: https://www.youtube.com/channel/UCE9sl7nYkHXKBlSUpvOujDA/featured

Instagram: @psicologiaeconomica

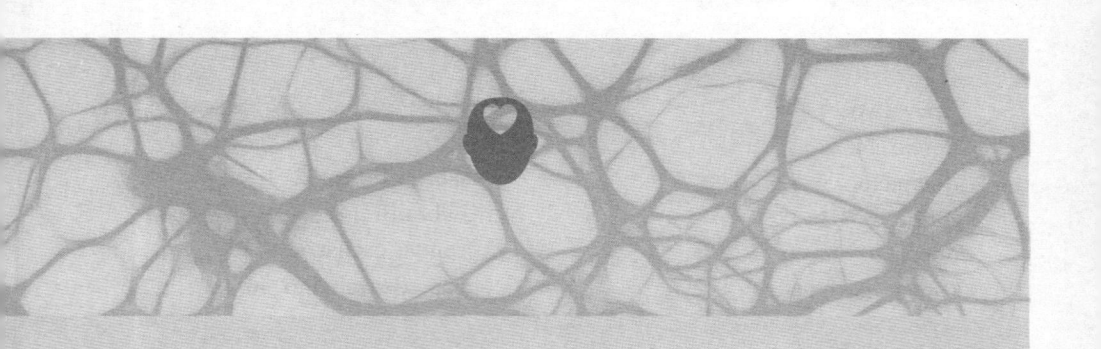

ÍNDICE

ACASALAMENTO 39
DEPENDÊNCIA 39
LUTA E FUGA 39

T

taxa-base 91
transações econômicas 2

U

user-friendly 156

V

viés de status quo 14, 157

W

Wärneryd 99
Warren Buffett 18
Woody Allen 175

Z

Zeitgeist 138